おこしやす

―京都の老舗旅館「柊家」で仲居六十年―

第一章　京都の老舗旅館で学んだこと

くつろぎの御宿「柊家《ひいらぎ》」

「柊家にようこそおこしやす、お疲れさんどした。私が係をさせていただきます八重と申します。どうぞ、お家にいる時と同じようにくつろいで、どんなご用でも遠慮なくおっしゃってくださいませ」

これが、二十八歳で京都の柊家に奉公にあがって、仲居仕事の第一線から引退するまでの六十年近くの間、お客さまがおこしになるたびに、まず、最初に口にしたご挨拶です。

ご自分の家にいるのと同じようにくつろいで、ゆっくり過ごしていただければ、仲居としてこれほど嬉しいことはないのです。お客さまに対して旅館ができる最高のおもてなしが「のんびりしておくれやす」なのです。

そして、柊家のモットーも、ここにあります。玄関の上がり框《かまち》のところにかけてある額には、こう書かれています。

「来者如帰」

「来たる者、帰るが如し」と読みます。この文字の意味は、「おこしいただいたお客さまが、ご自分の家に帰ってこられたようにお迎えする」ということなのだそうです。私が柊家にお世話になる、ずっと前からある古い額で、明治の漢文学者・重野成斎先生の筆だそうです。

「お気を使わずに、のんびりお過ごしやす」という、柊家で働く一同の心が、この四文字にこめられているのです。

「さあどうぞ、おあがりくださいませ」柊家をご案内させていただきます。

柊家は、京都の町中にあります。ＪＲ京都駅から地下鉄で数分、烏丸《からすま》御池《おいけ》駅で下車し、戦争中、家屋の強制疎開で拡張された広い御池通を少し東に行って、麩屋《ふや》町に曲がるところの角の、黒い塀で囲まれた日本旅館です。

御池通に向いた塀の下のほうには、小さな鳥居がたくさん取り付けられています。

「あれはなんのためにあるの？」と、とくに若いお客さまが不思議そうに、おたずねになることがあります。いまの若いかたはご存知ないかもしれませんが、「ここで、ご不浄したら、バチがあたりまっせ」という符丁、いってみればしるしなのです。きついことばで「なになに禁止」と看板を立てるより、そっと注意をする。古くからある、つつましい京都人の生活の知恵のひとつなのです。京都風に「やんわり」と注意しているわけです。

以前はもっと広い敷地でしたが、戦時中の強制疎開で、柊家の敷地はかなり削りとられてしまいました。お座敷をいくつも壊さなければなりませんでした。それも、上等なお座敷ばかりで、思いかえすと口惜しく、忘れられないことのひとつです。

創業は、文政元年（一八一八）、えらい昔のことです。明治維新のちょうど五十年前に当たるそうです。随分と昔に、ここの初代は御宿を始めたのだなと、つくづく感心したのでした。

洛北にある下鴨神社の境内に比良木神社という末社があり、初代がこの神社に深い信仰をもち、その社名になぞらえて、家号を柊家といたしました。

このころの京の町はどんな様子だったのでしょう。仕事の合間にふと想像してみるのも、楽しいことです。

幕末には、このあたりを新撰組の近藤勇さんや土方歳三さん、若い女性にとても人気のある沖田総司さんたちが駆け回っていたのを、この御宿は見つづけてきたのです。そう考えると、なにかロマンを感じてしまいます。そういえば、ここからそう離れていない所に、坂本龍馬さんの住んでおられた家や、中岡慎太郎さんと一緒に斬られた最期の場所があります。京都は、歴史とともに生きている町なのです。

柊家の一階のお座敷はすべて坪庭付き。夕刻になると石燈籠に灯が入って、京都情緒を味わっていただけます。ノーベル文学賞を受賞された作家の川端康成先生は、これをとても気に入ってくださり、定宿としてお泊まりいただきました。

柊家の「柊」は、植物の名前です。節分の夜、イワシの頭と一緒に門口にさして、鬼除けのおまじないにする木です。

これが、柊家のシンボルマークで、夜具、浴衣、手ぬぐいなど御宿のところどころに柊の葉がデザインされており、お見えになったお客さまに、鬼や魔物が憑《つ》かないようにという、心づかいなのかもしれません。

二十八歳、仲居「八重」の誕生

私は、明治四十二年（一九〇九）、現在の岐阜県の中津川で生まれました。本家は、そこのお殿様に仕えて十九代目になる家臣だったそうで、一応地元では旧家として名の通った一族です。

ところが、私の父親というのが、いまでいう不良でした。警察で事件になるような悪いことはしないのですが、子供の頃は、学校嫌いですぐ授業をさぼってしまう。自由気ままが好き、つまり遊び人なんです。

いまでは、自由業とかフリーターとか言われ、特別不思議はないのですが、子は親の家業を継ぐのが当たり前と思われていた当時としては、ブラブラしている人間は、家族にとって恥ずかしい存在だったのでしょう。

当然、母親である私の祖母からすれば憎まれっ子、父親を亡くした時も遺産がいちばん少ないわけです。こうした、父親の気ままな暮らしのお鉢は、私のところまで回ってくるのです。家にお金がないのだから、私も働かなければならないという仕組みになるのです。

私は七人兄弟で、長男は五十五歳で亡くなりましたが、長女は京都に嫁ぎました。あとの四人も地元でそれぞれかたづいたのですが、私だけは、そう上手にいかなかったのです。

もらい手のない私は、薪炭商を営んでいた豊橋のおじの家で働くことになりました。重い薪や炭を荷車に積んだり降ろしたりする、かなり体力が必要な仕事です。時には馬車に積んで、近くにあった野砲隊の部隊に運んだりもしました。軍隊は男だけの世界ですから、私みたいなおへちゃでも、「女の子が来た、女の子が来た」と、兵隊さんが大歓迎してくれました。やはり嬉しいものです。

ところが、番茶も出花ということばがあるように、私にも縁があり、結婚したのですが、夫運には恵まれず、ほどなく離婚、一人息子を抱えて、さあどうしようということになったのです。

幸い、姉が京都に嫁いでいたので、ここを頼っていこうと決心しました。幼い息子の手を引いて「いざ、京都へ」となりました。といっても、姉にも家庭があるので、いつまでも居候をきめこむわけにはいきません。姉の家にやっかいになり、日をおかずしてあちらこちらと、伝手《つて》を探しては仕事の口を訊ねてみるのですが、なかなか都合の良い仕事にはそうそう行き当たりません。

そんなところで働いたら、子供にとって良くないという仕事ばかりです。昭和十二年（一九三七）頃は、まだそうした社会状況だったのです。

顔は不細工で、得意なのは木登り。いまなら活発な娘だと、それなりに気に入られたかもしれませんが、私は七十年ほど早く生まれすぎたのかもしれません。でも、木登りは、本当に上手でした。男の子が尻込みするような木でも、平気で登ってしまうのです。六十歳くらいまでは、その辺の木でしたら、ちょいちょいと登ってしまいました。

おかげで、戦争中の空襲に備えた防空演習で、屋根に登り、水をかける役目が、私

に回ってきました。男の手がある間はいいのですが、板場さんや番頭さんが戦争にとられてしまうと、演習のたびに、
「八重、悪いけどあがっておくれ」
といわれ、スルスルと二階の屋根のてっぺんに登り、下から渡されるバケツの水を撒いたものです。芸は身を助ける、ということでしょうか……。

そのうちに、犬も歩けば棒に当たるの諺《ことわざ》があるように、とても良い働き口が飛び込んできたのです。

京都駅の赤帽の課長さんがもってきてくださった話です。旅館の仲居の仕事だけれど、子供も預かってくれるし、老舗だから、きちんとしていて安心して働けるお店だということです。

それが「柊家」だったのです。

この人は、旅行客の荷物を運ぶ赤帽でも課長さんですから、いつも偉い人のカバンばかりを持っているので、良い噂や話が耳に入るのだそうです。それによれば、柊家

は、大将、元帥、総理大臣のようなかたばかりが泊まる旅館だというのです。当時の柊家は、海軍の定宿で、佐官以上つまり、少佐より上の軍人さんでないと泊まれない格式を持った旅館だったのです。

「こうしたお店なら、あんたの勉強にもなるだろう」

と言うのです。そして、次の言葉が魅力的でした。

「お給金は十八円くださるそうだよ」

当時の月給は五、六円が相場。七円もらえたら上等という時代です。十八円あれば息子と一緒に、苦労なく暮らせる。すぐに課長さんに、ご案内くださるように、お願いしたのでした。

課長さんに連れられて柊家に着いた時、その玄関の大きさにまずびっくりしました。その頃は、いまの玄関の脇に、もうひとつ玄関があったのです。偉い人のお供や護衛のかたが出入りに使うためのものです。それほど立派な構えだったのですから、岐阜の田舎から出てきた私は、ただ茫然とするばかりでした。

昭和十二年（一九三七）の春、二十八歳のことでした。

ここで、私の恩人となる四代目の女将《おかみ》に初めてお会いしたのです。その時女将は、しばらく私を見つめてから、たしかこう言ったのです。

「この子は料理屋ではあかんけど、旅館にはこのくらいの器量のほうがええのかもしれん。背も高いし、丈夫そうやし、不細工でも頭が良ければええのやから、とりあえず二、三日辛抱してみたらどうえ」

まずは、現在でいう試用期間のお許しをもらったわけです。

この時の四代目の本音を、あとでうかがったら、

「この子には悪いけど、この見てくれはうちにはちょっと向かんようやなぁ。でも、旅館の仲居は、逆にこれ位がいいのかもしれへん。奥さま連れのお客さまが安心しはる。あまり別嬪すぎて、奥さまが不細工にみえたら、いい気しませんやろ」

お客さまの奥さまの引き立て役にはちょうどいいのかもしれません。これが、私が柊家に雇われた理由だったのです。喜んでいいのかどうか……。

この頃、柊家には、仲居が九人おりましたが、本当の奉公人は四人だけ。あとの五人は、女学校を卒業して花嫁修業を兼ねた、行儀見習いのお嬢さんたちでした。良家

のかたばかりで、それだけ柊家の躾《しつけ》は、きっちりしていたということなのです。

ご縁があるまでですから、一年で決まる人、二年の人、半年の人と、そう長い期間を待たずに、ここから嫁いでいかれるのです。

一応働くお許しが出て、四代目に言いつけられたのが、

「お茶を淹れておいで」

すぐに、一杯のお茶を差し上げたのですが、これで正式な合格が決まったのです。お茶の淹れ方、出し方がよかったのです。

実はこうした作法は、私の得意とするところだったのです。

私の父は、横着者の貧乏暮らしだったのですが、嫁だけはなぜか隣村のいい家からもらえたのです。つまり、私の母ですが、農作業用の馬まで、嫁入り道具にもってくるほどの物持ちだったのです。

しかし、父の生活に巻き込まれて、苦労と貧乏に押しつぶされてしまうのです。嫁入り道具の馬に乗って、実家に暮らしの物をもらいに行ったこともあり、涙の多い毎日だったようです。

この母が、この子には何も残せないけれど、せめて行儀作法だけでもと、お茶、お花、挨拶の礼儀、掃除の仕方などを仕込んでくれたのです。

父は「そんな一文《いちもん》にもならんこと教えたかて……」と、反対していたのですが、母はしっかりと教えてくれました。これが、小学校しか出ていない私の、唯一の財産だったのです。

お茶ひとつ出すのにも、どうしたらよいかを小さい時から心得ていたのです。現在の私があるその第一歩に、母の教えがとても影響したのです。将来を見越して躾けてくれた母には、親はこうあるべきという姿を思うとともに、母には感謝しすぎることはないというのが、私の実感です。

「田舎っぺだけれど、丈夫そうやし、とくに行儀もきちんとしているようやし、雇ってみようか」

本雇いに決定したのです。

ところで、私の本名は「やな」でした。

しかし、これは呼びにくいし、魚をとる仕掛けみたいな名前だから、もう少し京都風な呼び名にしようということになったのです。

そこで、四代目が命名してくれた新しい名前が「八重」。図々しいのですが、こんな器量でも、少しでも美人に近づけるように、また、新派女優の水谷八重子さんにあやかるようにと、四代目女将が考えてくれたのでした。この八重子さんは、いまの水谷八重子さんのお母さんで、日本風の美人顔で、とても人気のあった女優さんでした。

ともあれ、ここに柊家の仲居、田口八重が誕生したのです。

百倍やって人並み

仲居として就職しても、はじめは修業のため、台所の下働きにつかされるのです。こまごました雑用や、お客さまのお食事を、お座敷を担当している仲居さんにお渡しするといった仕事です。

部屋係になるまで、三カ月ぐらいは、これをやるのが普通ですが、私は三日で部屋係に呼びあげられました。ここでも、母に教えられたカンと機転が認められたのでした。働き方に無駄がなかったのだそうです。下働きであれこれ教えなくても、すぐにお座敷に出せると判断されたのでした。

部屋係でも、新米のうちは、すぐにはお座敷のなかに入れません。お茶やお膳を入口まで運ぶだけです。そこから先は、先輩仲居の仕事なのです。どのようにお客さまに接しているのか、閉められた襖があるために内側はうかがい知れません。今の時代のように、新人用のマニュアルがあるわけではありません。先輩が教えてくれないのならば、どうしたらいいかを自分で考えるしかありません。

しばらくして、ようやくお座敷にあがるお許しが出ました。やっと、一人前の仲間入りができたという嬉しさの反面、きちんと出来るだろうかという心配で、胸がドキドキして緊張したのを、はっきりとおぼえています。

お客さまにお茶をお出しする、母の教えがあっても実践となると、やはり、勝手がちがいます。お客さまのいるお座敷では、緊張の度合がぐんとましていきます。

目八分《めはちぶ》の高さにかかげて、お茶をひとつお持ちします。目八分の高さというのは、両手で目より少し低くささげ持つ作法で、息のかからない高さなのです。ということは、目から見えるのは、湯呑茶碗ばかり、おまけにこぼしてはいけないので、意識は湯呑茶碗に集中して、お客さまのお顔を見ている余裕はありません。次にお茶菓子を、同じように目八分にして、ひとつずつお出しするのが礼儀なのです。

やっとやり終えた。どうやら大丈夫のようです。私の初舞台は一件落着と安堵した時でした。後を追ってきた先輩仲居に、突然ピシャと頬を張られたのです。無事にやり終えたと思っていた私には、何で怒られたのか、まるで分かりません。ポカンとしていると、あきれた顔で、こう言われたのです。

「あんた、まだ分からへんのか。畳のへりを、踏んでたやないか」

畳のへりに、親指の爪先がほんの少しだけかかっていたらしいのです。お作法では、畳のへりを踏むのは御法度なのです。それは、私も母から習い知ってはいましたが、極度の緊張と、手のほうばかりに気持ちがいっていて、足元のほうは気がお留守になっていたのです。

「まだ、お座敷にあがる資格、あらへん」

このひと言は、だんだんと冷静になってきた私の胸に突き刺さりました。だったら、その資格を自分でとってみせる。負けず嫌いに火がついたのです。その日から、自分自身への猛特訓が開始されました。

休憩時間になって、他の仲居さんが休んでいる時、私は、ひとりでお茶を運ぶ練習をひたすら続けました。下を見ずに、空いているお座敷の入口からお客さまのいるところまで歩く。

このお座敷は、何歩めに畳のへりがある。下を向かずに、身体が覚え込むまでなんべんでも繰り返しました。そのうちに、目をつむっていても、畳のへりを踏まずにお座敷のなかを歩けるようになったのです。こうなると、お座敷での動作がとても楽になるのです。お座敷の広さの感覚が身に染み込んでいるので、手先をどこかにぶつけたり、袂をひっかけたりしないのです。

人が一ぺんでできることを、私は百ぺんする。そうすれば、出来の悪い私でも人並みになれる。ほかの人に出来て、私に出来ないことはない。ですから、難しいことにぶつかればぶつかるほど、とことんやる……。私が柊家という学校で学んだ大切なことのひとつです。

柊家の作法というのは、これくらい厳しかったのです。花嫁修業に良家のお嬢さんがおいでになるのも、うなずけることなのです。

もうひとつ、私には猛練習の思い出があります。ことばの問題です。柊家にあがったばかりの時、岐阜訛りがひどかったのです。俗に「なもなも言葉」という方言です。このままではお座敷に出せないと、京都弁に直されました。

はんなりとした京都弁は、一朝一夕に、すぐ身につくものではありません。それこそ、寝ずに練習したものでした。寝言まで京都弁で言えたかどうか、昼間の忙しさでぐっすり寝ている私には、もちろん分かりませんが、いまでは、京都弁よりほかは話せなくなりました。

お客さまに喜んでいただきたいから努力する、これが、私の大きな支えなのです。

仲居には、朝番と起き番という、時間をずらして二通りの勤務体制があります。朝番の起床は、午前五時。お客さまが起きる前に、さまざまな準備をする当番です。例えば冬……。

まず、炭をおこします。それを十能《じゅうのう》に入れてお座敷をひとつひとつ回るのです。おきた炭を火鉢に埋め、茶瓶をかけ、香をたきます。冬の朝番だと、廊下はまだ冷えています。おまけに暗い。粗相があってはいけないと、気の張る仕事です。

襖の開けたての音で、お客さまが目をさまされないように、かなり神経を使う仕事で、すべてを回って、やり終えるのに一時間はかかります。

若いご夫婦や逆にお年寄り、また、以前ですと護衛のついている偉いかたなどは、うっかりして入口のところのお座敷に入っただけでも騒動になりかねません。この辺の見極めも仲居の裁量になるのです。

お客さまは、シュンシュンとお湯の沸く音と香のかおりで、お目ざめになり、良い朝を感じてくださる。一日の始まりにこの演出が大切なのです。

お客さまとは「阿吽《あうん》の呼吸」

おなじみさんに多いのですが、「起きたよ」と、フロント（当時は帳場といっていました）に電話をくださるお客さまがおられます。

すぐお座敷に参ります。お風呂の音が聞こえれば、前の日に着ておられた下着をおあずかりして、すぐ洗濯です。いまとちがって昔のこと、洗濯機などという便利なものはありません。たらいと洗濯板を使って手で洗うのです。そして、ご出発までに乾かして、おこしになったときと同じように鞄につめてお見送りするのです。

仲居の仕事は、いろいろときりがないほどあります。私自身は一生懸命、自分の事は脇に置いてもお客さまを第一にして来ました。

これには、二つの意味があります。

ひとつは、ほかの仲居と違った田口八重流の、私の考えついた方法でお客さまを、おもてなしするということ。

もうひとつは、お客さまはおひとりおひとり、お顔立ちが違うように、お気持ちだって違うのです。それぞれに合ったおもてなしをしなければいけません。お仕着せのサービスでは喜んでくださらないということです。

お目にかかった瞬間に、お客さまのお気持ちを察して、こうしてほしいと望む対応をしていくのです。これが、私がお客さまをおもてなししてきた人生で、体験から摑んだモットーなのです。

例えば、お座敷にご到着になる。

到着するやいなや、すぐに浴衣と丹前に着替えるかた、まず一服なさるかた、なにはともあれ汗を流したいからと、お風呂に向かわれるかた。人さまざまでこれは癖みたいなものかもしれません。

お風呂におはいりになるにしても、その前に大急ぎでお茶を飲むせわしいお客さまもいらっしゃいます。さあ、お風呂にご案内して、ごみ箱はあちら、カミソリはこちらにと、お教えします。

すぐお座敷に戻って、ズボンをハンガーに掛け、この時に男のかたは、よくズボンのポケットに直接お金を入れていらっしゃいます。それを出して小物入れの函のそばに置き、ハンカチが汚れていれば、洗っておきます。もちろんズボンにシワがよっていれば、サッとアイロンをかけておきます。

お風呂からあがってこられたら、お夕食になります。

最近は、和風旅館でも、お座敷にお膳を運ばずに、大広間にズラリとお支度をして、そこへお客さまに来ていただいて、名札のあるところでめしあがっていただく事が多いようです。人件費を節約するためには、仕方がないのかもしれません。

また、洋風のホテルや温泉旅館ではバイキング方式という、好きなものを、ご自分にあった量だけ取り分けるのが、とくに、若い人には人気があるようです。たしかに合理的だし、自動販売機などのように、人に接しなくても物が買えることになれた人には、この形式は、気を使わずにすむのでよいのかもしれません。これを味気ないと思うのは、私が昔者だからなのかもしれません。

柊家では、ひとつひとつのお座敷に仲居がついて、お給仕をします。それもお膳をお出しして、「はい、どうぞ」というのではなく、お食事がすむまでそばについていて、お世話をするのです。

お世話といっても、お食事中ですから、取り立ててこれといった仕事はないのです。お客さまのそばに控えていて、お困りのことはないか、なにか不都合はないかと、目くばりや気くばりをするのです。あとはご飯のお替わりをして差し上げたり、お茶を淹れてお出しするのです。時には、季節の珍しいお料理が出たら、召しあがり方や、そのいわれをお話ししたりします。

ところが、このあたりの呼吸がなかなか難しくて、すぐにのみこめるものではありません。おそばにいるのをあまり意識されては、それこそ折角のお料理の味を台無しにしてしまいます。これではお客さまにも、腕をふるった板前さんにも申し訳ないことになってしまいます。

気にならないように座っている、自分の存在をふっと消している、この具合が年季が入っていないと、なかなかできないことなのです。もっとも最近のかたは、そばにいられるだけで気づまりだ、自分たちだけで気ままに、マイペースでやりたいというかたが、多いようです。小さい時から個室をもって、核家族になれてしまっていれば、突然に見ず知らずの人間がそばにきちんと座っていると、なにか監視をされているようで、たしかに落ち着かないかもしれません。こうしたところにも、時代の流れや人の心の変わりようが感じられるのです。

逆に、いつまでもそばにいてほしいというお客さまが、いまでも少なくないのです。旅の途中で出会った人や出来事、ご自分のまわりのことなど、世間話のお好きなかたもいらっしゃいます。お話しになることで、ご気分が爽快になり、ストレスを解消しておられるのかもしれません。

とても楽しいひとときで、召し上がったお食事が、すべて栄養になって吸収されて、明日の活力になるのではないかと思うのです。

京都においでになったわけですから、京都のことをお聞きになるかたも、ずいぶんとおられます。

明日のスケジュールの参考にされるのでしょうか、季節にあった見どころ、最近のお寺さんの特別な催し、町の移り変わり、近所の名所や穴場など、旅行雑誌の記者さんのように熱心におたずねになられます。もしかしたら、これだけで、もう京都見物をしてしまった気分になっておられるのかもしれません。

京都弁が好きだから、そこにいて、なんでもよいから、しゃべってくれというお客さまもいらっしゃいます。こうした時は、猛練習をして岐阜訛りから京都弁に大変身をしておいてよかったと思います。

お求めに応えて、柊家のこととか、季節の京の行事やお祭りについて、お聞かせすることもあります。

人と接する心

ひとつのお座敷にずっとついていたいと思っても、なかなかそうはいきません。お座敷数と同じだけ仲居がいるわけではありません。ひとりで他のお座敷を掛け持ちで担当することになります。

ここで問題になるのが、とてもお話好きなお客さまがおいでになった時です。私自身も楽しくなっているのですが、ひとつ所に長い時間いるわけにはいきません。お支度を待っている別のお座敷が気にかかります。他のお客さまのお食事時間を、遅くするわけにはいきません。常連さんでも、いちげんさんでも同じサービス、へだてのないお世話をしなければなりません。

お客さまの話が、佳境にさしかかっています。「むこうのお座敷で、お食事を待っておられるお客さまがいらっしゃるのに……」と、そろそろ気にかかりはじめます。

しかし、話が長くなったからといって、「これで失礼します」と、途中でお給仕を中止していくわけにはいきません。

ここは、一瞬の呼吸が大切なのです。

お客さまのお口が、お話からお食事に移った頃合いをはかって、

「ほんまにすみませんが、ほんの少しだけ失礼させておくれやす」

「ああいいよ。手をかけて悪いねえ、待っているよ」

と、心よく言ってくださいます。話の腰を折るようなタイミングでお願いしては、こう気持ちよくはいきません。

ことの区切りをどこで見極めるか、これは仲居ばかりでなく、どんなお仕事にも共通することではないでしょうか。相手のかたと一心同体になる、心を通い合わせることなのかも知れません。

すぐに、お腹を空かせた別のお座敷におられるお客さまのお給仕にかかります。このお客さまはどんなタイプのかたかなと、雰囲気を感じ取りながら、おいしくお食事を召し上がっていただく工夫をさせていただきます。

召し上がりものに好き嫌いはないか、どんな旅の途中にお泊まりいただいているのか、どのようなお話を申しあげたらよいか、体や手を動かしながら、頭のなかは別の回転をしています。頭と体が別々の動きをしていても、永年積みあげてきた経験がものを言うのです。

このお座敷、あのお座敷と、滞りなくお食事を始めていただくと、はじめのお座敷に戻ってお話の続きをうかがったり、お料理の評判をおききし、お給仕がしまいになればお茶のご用意をします。

この時間帯がいちばん忙しく、もっとも気を使います。和風旅館にお泊まりになるかたは、全体の雰囲気はもとより、お食事を楽しみにしてお見えになるのです。この大きな楽しみをご満足していただけないと、旅の思い出はすべて台無しになってしまいます。

どんなささいなミスも許されないのです。〝京都の老舗旅館の仲居〟なのですから、目一杯気ばって、ご接待するのです。しかし、そうした気持ちをお客さまに感じさせたらいけません。いつも、京都のはんなりとした気分で、お客さまを包んで差し上げなければいけないのですから……。

余裕というものが伝わらなければ、お客さまはごゆっくりとおくつろぎになれないのです。表だって目には見えませんが、こうした心づかいこそが、「おもてなし」の第一歩なのだと、私は柊家から学んだのです。

あのお座敷に運びもれたものはないか、こちらのお座敷の頼まれごとはすませたか、長い時間放っているお客さまはおられないか、細かいチェックを忘れずにしています。仕方ないことですが、一日は、目の回るような毎日で、なかなかゆっくりと腰を落ち着かせてお世話ができません。

しかし、六十年近い仲居人生で、ただの一度も「あの仲居は……」とか、「もう二度とここには来ない」という、お小言をちょうだいしたり、ご不満をもらされたお客さまはおいでになりませんでした。

このことばは、最後通告です。仲居としては最低だ、という落第点をつけられることなのですから、これを言われたら、もう仲居は続けられません。又、新しい仕事を見つけなければなりません。不細工で不器用な私にとって、仲居以外の仕事は考えられません。

「あれだけいろいろ頼んだのに、すべて自分の思い通りにやってくれた」

「孫の代までお世話になりますよ」

こう、おっしゃるお客さまが少なくないのです。仲居冥利につきるありがたいおことばです。私にいただいた最高の誉めことばは、勲章として、一生大事にしていきたいと思っています。

もともと、私の中にある負けず嫌いな気性のせいもあるのですが、三十歳近くになって始めた仕事ということもあり、他人にひけをとるまいという意識がありました。最初の十年間、私は故郷には、いまどんな仕事をしているかを、明らかにしませんでした。「旅館の女中」というだけで、いかがわしく思われるところが、当時はまだまだあったのです。

だから、一刻も早く一人前の仲居になりたい、という願いが私のがんばりの背景にはあったのです。

そこで、ほかの人と同じようにしていては駄目だ、誰もが気づかないことはなんだろうと、自分独得のものを見つけるために、四六時中、考え続けていました。どうすればお客さまは喜んでくださるだろうか、考えを集中するのは、この一点です。

百人おいでになれば、百人のお顔があるように、みなさんのお望みになることはそれぞれにちがいます。ですから、このお客さまには、どのように接すれば、いちばん居心地の良い状態を作って差し上げられるのか、それを見抜くのが、私だけに出来ることだと知ったのです。

もし、お家にいるときよりも、もっとくつろいだ一日を楽しんでいただければ、最高のおもてなしになるのではないでしょうか。少しも心わずらうことなく、いつもと異なった時間を満喫していただければ、心も体も本当にのんびりなさいます。

「あ～あ」と、大きな欠伸《あくび》をしたあと、ゆっくりと眠れる夜を、一日の最後のおもてなしとしてお出しできれば、これに過ぎるものはない、長い時間を経て、ここに辿りついたのでした。

そのためには、自分をお客さまに置き替えて考えるのです。もし、自分がお客さまとしてあのお座敷にいたら、なにをしてほしいだろうか。他人事ではなく、我が身のこととして思ってみるわけです。

いつも、こうして考えているると、いつか神経の回路がお客さまの回路と同じになって、つながるのでしょう。「いまこうしてほしいと思っていたんだ」ということに、ぴったりと合うようになるのです。

念じれば通じるというのでしょうか、人間とは不思議なものです。考えてもみないところが発達してくるのかもしれません。そして、それが役に立つのです。

柊家は、いつもはほうじ茶をお出ししているのですが、時にはこのかたは煎茶がお好きなのではないかなと、ご用意してとても喜ばれたりします。

四六時中考えていると、探偵小説に登場する探偵さんではありませんが、第六感が鋭くなってきます。一日として勘を働かせるのをなまけると、元にもどってしまうかもしれません。勘働きに休日はないのです。

実際の場面としては、こうしたことがあります。

いちげんさんのお客さまに、まずご挨拶をします。

「はじめまして、八重どす」と言った時に、「ええ名やな、よろしくな。八重さんは京都の人か」と、ご返事くださる方は、好奇心の強い、お話の好きなお人です。「うん」と言って、頭を下げるだけのかたは、あまりお話のお好きでない、無口なかたです。ひとりで、じっとご自分の考えに没頭なさるタイプでしょうから、おしゃべりが邪魔になりますので、必要なこと以外はあまり話さないようにしています。ただ、こうしたお人は神経が細いことが多いので、いろいろと注意をはらってお世話しないと、気に入っていただけないことがあるのです。

「うん」と言いながらも、お座敷の中を見回しているかたは、なににでも興味をお持ちになるお人です。坪庭の石燈籠のこと、玄関の「来者如帰」の額のことなど、柊家のことからはじめて、しまいには京都のあれこれまでお話しすると、とても気にいっていただけるのです。

こうした勘は、学校に行かなかったかわりに、神様が授けてくださったのかも知れません。とてもよくピン、ピンと働くのです。学問がない私は、頭でなく勘で勝負してきたのです。

人間、なにか取り柄があるものです。自分は駄目だと思う前に、どこか他人と違ったところはないかと考えていくと、意外な長所を掘り起こせるものです。悲観する時間があったら動いてみよう……というのが、私の生き方なのです。

柊家は勉強の場

勘を鈍らせないためには、気ばたらきが必要のようです。思いやることが、勘を養ってくれるのです。

私が勤めはじめた頃は、まだまだ昔の考えが強く残っていました。たとえば当時は、お母さんが心配のあまり、新婚旅行についてきてしまうのが、それほど珍しくなかった時代です。いまの人からすれば、過保護に見えるかもしれませんが、その頃は、それくらいみんな純粋だったのです。

私がこの仕事に就いたときには、もう歳もいっていましたし、なんといっても一度結婚した経験があり、子供さえこしらえているのです。どうしたらよいかは、もう充分に心得ていますし、本人同士以上に、心配でならないお母さんの気持ちがいかがなあの時、京都駅の赤帽の課長さんと知り合いでなく、この家にお世話になっていなかったら、この年令まで人生を全うできたかどうか、ひとり息子が世間に通用する人間に育ってくれたかどうか、人生というのは不思議な縁でむすばれ、動いているのだと、しみじみ感じるのです。

京都弁を身につける、朝の湯立て、畳のへりを踏まずに歩く、お客さまの心を感じとる。こうしたことは、どんなに名の通った立派な学校に通っても教えてくれないことです。

先輩からの教育、それに見よう見まねで付いていき、自分なりの考えを加えていって、誰のものでもない、私だけのやり方を作り出してきたのです。こうしたところに、人間としての進歩のようなものがあるのではないでしょうか。

このようなやり方を身につけたことで、私の人生はどれだけ豊かになっていったかしれません。この社会のなかで、私は生きてきた価値が充分にあったと思います。あれだけのたくさんのお客さまが喜んでくださったのですから……。これは何にもかえがたい大きな財産です。

昭和十二年、二十八歳で仲居になり、仲居頭、そして取締役、女将代理にまでさせていただき、台所で足をすべらせて怪我をして、それを機会に現役を退いたのですが、この長い期間を過ごせたのも、修業によって得たものが私を支えてくれたからです。

現在九十一歳、現役ではなくなったといっても、いまでも毎週一回、土曜日には柊家に花を活けに通っているのです。

この生け花も、私流のものです。どう花瓶や水盤に活けていったら見栄えがいいのか、花のいちばんいいところを見せられるか。先輩の活けたものを見ることから始まり、自分の工夫や考え方を取り入れていった生け花なのです。一応習いはしましたが、心をこめてやっていると、なにやら独特な形になってくるものです。

このおかげで週に一回、柊家に来られるわけですが、この一回が私にとっては、まだ世の中が私を必要としてくれているという、証明なのだと思えるのです。

柊家は、また私にとっては、学校でもありました。ほかではどんなに高い授業料を払ってもかなわない「学問」を勉強できたのです。

お出しにならない意外な側面を、ちらりとお見せになるのです。この瞬間が私にとって、かけがえのない勉強の時になるわけです。

お客さまとの心の触れ合いは、生涯忘れることのできない私の宝物です。

第二章　忘れ得ぬお客さまの面影

徳川家達《いえさと》公――心を掴む気さくさ

京都は歴史の町で、その歴史的な時間を共有してきた老舗旅館ゆえに、時折、歴史を背負ったようなお客さまにめぐり会います。徳川家達さんもそうしたおひとりです。家達さんなどと、気安く呼ばせていただいておりますが、こんな呼び方をしたら、世が世ならば切腹、軽くても島流しを命じられてしまうおかたです。

徳川家十六代のご当主なのです。徳川幕府があと少し続いていれば、江戸城の奥深くに鎮座され、岐阜の山深い所からひょっこり出てきた私などは、お目通りがかなわなかったに違いありません。

幕末の風雲急を告げる頃、十五代将軍慶喜は天皇家との折衝に上洛しておられます。

京都といえば、天皇家のお膝元、そこに、徳川幕府のナンバーワン、言ってみれば、ライバル会社の社長がお泊まりになるわけです。勤皇の志士たちが、柊家の周辺に事あらばと待機していたのではないかと、想像してしまいます。

物騒な雰囲気というのは、なんとなしに分かるものです。この時に、当番にあたった仲居は心細かったのではないかと思います。いや、逆にここが仲居の心意気と、お客さまをお守りするために意気があがっていたかもしれません。

さて、家達さんにお話を戻しましょう。

徳川幕府が倒れてから当主になられたかたで、お生まれは、文久三年（一八六三）で、五歳で明治維新を迎えています。徳川幕府の崩壊で、十五代将軍慶喜は明治元年、隠退、謹慎するのですが、家達さんはその後をうけて、田安家から入り徳川宗家を相続します。

落日とはいえ、いまで言えば、小学校に入学する前の年齢で一国一城のあるじになるようなものです。日本が大きく変わるたいへんな時期に、たいへんなものをその小さな背中に背負わされてしまわれました。

二十七歳で貴族院議員になられ、七十歳までの長い間貴族院議員を務め、その間、議長にも就任しておられます。昭和十五年、七十七歳で亡くなられましたが、私が柊家にあがったのが昭和十二年ですから、晩年にお世話させていただいたわけです。

仲居になってまだ日が浅い頃でしたが、家達さんがお見えになり、ご挨拶にあがることになりました。その当時は、徳川の十六代目のお殿さまというだけで、ずいぶんと緊張したことをおぼえています。おまけに、まだ新米の仲居だったのですから、いくら負けん気の強い私でもガチガチになりました。

お座敷の入口の敷居の所で両手をついて、

「八重と申します。お世話させていただきます。どうぞ、お家の使用人と思うて、なんでもお申しつけください」

と、ご挨拶したのです。

すると、お座敷のいちばん奥の大きな卓の前に座っていた家達さんが、ジーッと私を見つめて、こうおっしゃったのです。

「きみは、どこのヤマガのスッポコ谷から出てきたの」

ヤマガのスッポコ谷ってどこのことなんだろう。

私はこのひとことで、十六代目のお殿さまにお会いしているという緊張感が、スッ

海軍大将とは違うメニューになっているので、

「いいえ、違います」

と、お答えすると、

「余分についている品は、自分はよいから皆に食べさせてやってほしい」

と、おっしゃるのです。ご自分だけが特別にという気持ちのまるでないかたでした。

ありのままをお伝えした私に、

「お八重さんは正直でいい。表面だけ言いつくろっておけばいいのに、ありのままを教えてくれる。私がお山の大将と言われないのは、あなたのおかげだ」

と、言って下さったのです。

たしかに、上のほうに行ってしまうと、しもじもの本当のところが、なかなか伝わりにくくなり、そのうちに、上と下の間がしっくりいかなくなるのでしょう。上も下もなく同じでありたいと、大将になってまでも思う永野閣下、そして、私のような者のことばにもきちんと耳を傾け、礼さえ言って下さるお人柄に「人生の師」を感じるのです。

飾り物のお山の大将になりたくない、そのためには何をしたらよいのか、いまの世の中で、人の上に立つおかたにもよく味わってほしいことだと思うのです。

この永野大将が、大きな涙を流されたことがあります。戦争も終わりに近づき、だんだんと日本の旗色が悪くなってきた頃でした。

「お八重さん、ほかの人には言えんことなのだけどな……」

と、ポツリと口火を切ったのです。

「あなたにも、子供がいるから分かると思うが、その子が学校を出て、軍隊に入って戦地へ行くのを見送るのは、とても辛いことなんだよ」

若い兵隊たちを思い出すのか、遠い眼差しをなさいました。

「それでね、真珠湾でも特攻隊でも同じだが、出撃する時に、閣下お先に行きます。天皇陛下ばんざい、お母さん……と言っていくんだよ」

大きな涙を、ぽと、ぽとと落とされたのです。

若い命を戦場で散らすこと、母と子の二度と巡り会うことのない切なさを思っての涙です。私にはかえす言葉がありません。そして、

「お父さんとは言わないんだよな、どの兵隊も……」

父親である口惜しさを少しだけのぞかせたのでした。

平成十一年十一月、日本経済新聞に私のことが取り上げられたのですが、その記事のなかで、ここに書いたエピソードをほんの少しだけ披露したのです。するとと、永野大将のお嬢さまが、わざわざ私をたずねて東京からお見えになったのです。五十年以上も前のことをよく忘れずにいてくれて、紹介してくれたそのお礼に、京都までおいでになったというのです。

私も感激で胸がいっぱいになり、ふたりして手を取り合い、思い出話をしながら泣いたのでした。

お別れしてから五十年以上もたって、私に新しい出会いをもたらしてくださった永野大将にあらためて感謝しているのです。

永野修身海軍大将は、連合艦隊司令長官、軍令部総長などをなさったのですが、戦後はA級戦犯容疑者として捕らわれて裁判中、昭和二十二年（一九四七）に病死されました。六十七歳と聞いております。

この話を書いて思ったことがあります。いろいろな人のいろいろな考えがあると思うので、いちがいには言えないのですが、いま取り沙汰されている「国旗」や「君が代」について、私はこんなふうに考えているのです。

いまの時代だから、国旗を立てたらアカンとか、靖国神社へ参拝に行ってはいけないとか、君が代は歌うべきではないとか言う人がいます。私のような明治生まれの古い人間には、よく分からないのです。

スポーツの大会などで、掲揚される日の丸を見ているととっても美しいのです。白は心の白。清く正しく生きろということではないでしょうか。丸い赤は京都弁で言うおひいさん、太陽のことではないかと思っていたんです。戦争の記憶に結びつくというこどもあるらしいのですが、それならば、新しいイメージを私たちで作っていったらどうなのでしょうか。

靖国神社に、刑死した戦犯を参拝したらいけないとも言われています。七戦犯のすべてをお世話させていただいた私にとっては、これも辛いことなのです。とても身近に感じていたからです。

　東條英機さんも、そのおひとりです。最初の頃は、東條さんは柳の馬場の四条下る所に専用の旅館があったのですが、大将になられてからは、柊家をご利用いただいたのです。玄関先でお見送りしている写真を、時折取り出して見ていると、あのときの閣下の沈痛なお気持ちと、五十年たった現在でも、なお疎《うと》まれていることを思うと切なくなります。

平沼騏《き》一郎首相――三年目の笑顔

司令官として、また政治家として活躍した平沼騏一郎さんも忘れられないお人です。戦争の時、もっとも頭を痛め、気をやんだのはこのおかたではないかと思います。検事総長を経て、政界では法相、内閣の首班を歴任しますが、昭和二十七年（一九五二）、A級戦犯として、極東国際裁判で終身禁固刑の判決を下され、八十五歳で病死されておられます。

平沼さんほど、気むずかしいおかたはふたりとおられないでしょう。

私たちは仕事柄、このお人にはどのように接したらよいかを、初対面で感じとって対応していくのですが、それが、平沼さんにはまるで通じないのです。つるつるのガラスに爪を立てて、よじ登ろうとするように、何の手がかりもつかめないのです。

普通のお客さまなら、初対面からほどなくすれば馴染んで、「お八重さん、あれしてくれ」とか「これをどうこうしてくれ」とか、気安く頼んでこられるのですが、それがまるでなかったのです。

日本とドイツの軍事同盟の交渉、アメリカとの通商条約など、世界の情勢が複雑怪奇になっていくなかにいたのですから、信じられるのは、ご自分だけになっていくのも当たり前なのかもしれません。

はじめの頃は、何か欲しいものがあると、目であちこち探しておられ、それに行き当たるとご自分で取りに行かれるのです。他人に何かを言ったり、頼んだりするのもハラがお立ちになるのでしょうか、そんな想像もしたものです。

おこしいただいてから三年目、捜し物を見つけ出して「これですか」と申し上げると「うん」とはじめておっしゃったのでした。それまでは「お茶を飲みたい」とも言われないのです。無言の行みたいなもので、実に長い三年でした。なんで心を開かれないんだろう。私に落度があったのかも知れないと、気をもんだものです。

三年間たって、私の心が分かって下さったのかどうか、どうにか「お八重さん」とお声をかけていただけるようになったのです。

この三年間、どんなお気持ちでおられたのかは結局聞かずじまいでした。法律をおやりになったり、政治の世界に身を置かれたりしていると、なかなか他人に心を開くことはなく、本心を覗かせなかったりするのでしょうか。それならば、やはりシンドイことでしたろうと、いまになって思うのですが……。

ある時のことでした。またいつものように、目がほうぼうに動いておられ、今度は何をお探しかと、目の先を追っていくと眼鏡があったのです。すぐにそれをおとりして、「閣下、これですか」と言って、お渡ししたのです。そして、

「私は、気がきかないほうかもしれませんが、それでも、なにをとってくれとおっしゃれば、すぐにとって差し上げます。私に悪いところがあれば、どうぞなんでも言うておくれやす。なんでもさせてもらいますさかいに」

そうすると、はじめてニッコリと笑われたのです。あのおっかないお顔のどこに、こんなにいい笑顔がかくされていたのかと思うほどでした。

それ以来、とても気を許して何でも言って下さるようになり、「お八重さん、お八重さん」と、可愛がっていただきました。

親しくなってはじめて、そのかたの立派さが分かることがあります。三年して心が通じ合うようになると、それまでは、依怙地で頑固という印象が強かったのですが、その内側にある、優しさや暖かさが理解できてきたのでした。

多忙な毎日のせいなのでしょうか、奥さまがおられなかったのです。これだけのお人なのに、どうして独身でおられるのか不思議に思い、護衛のかたにうかがったことがありました。

「あんなにご立派なかたなのに、どないして結婚しはらへんのどっしゃろか」

すると護衛のかたが、こう答えたのです。

「私らからは聞けません。仲の良いあなたから聞いて、私らに教えてください」

と、逆にたのまれてしまうほどでした。

はじめの三年間は、閣下がお見えになると一貫目、いまで言えば四キロくらいは痩せてしまったほどです。折角来ていただいたのに、いやな思いをさせてはいけないと、本当に気を使いました。

いつもと同じように、お茶をお出しするにしても、キチンと閣下の真正面にお茶碗がいくように、また無駄な足音などたてないようにと、ひとつひとつが緊張の連続なのでした。

気を許されるようになると、私にも多少の余裕が生まれてくるようになりました。すると、偉い人にもいろいろなクセがあるものだと、冷静に眺められるようになってきたのです。

閣下の、なんでもキチンとしていないと気がすまないところとか、小さなことに妙にこだわるところが見えてくるのです。そうしますと、そのクセにとても人間臭さを感じるようになりました。

肺炎をこじらせ、平沼閣下が故郷の岡山に養生のために籠られたことがありました。津山のお城の下にお屋敷があり、そこにお帰りになられたのです。肺炎はうっかりこじらせると、命とりになりかねないので、大事をとっての静養でもあったのです。

国内外の問題がスムーズにいかず、暗礁に乗りあげることばかりで、心労もかなりたまっていらっしゃったのではないでしょうか。

養生のお話を耳にした四代目の女将が、すぐお見舞いに行くように言われたのです。閣下がおひとりで、身の回りに不自由されているのではないかと案じたのです。

そこで、何をお土産にしたらよいだろうか。すでに、日常品が手に入りにくくなっていた時期です。閣下は「大市」のスッポンが大好物で、スッポンならば病後の養生に、精がついてよいだろうと、それをお土産にして行くことにしました。

お金よりも物のほうが価値のあった時代です。米や炭との物々交換でなければ必要な品が求められないのです。

あの時は、何をもっていってスッポンを手に入れたのでしたか、ただどうにか、一人前だけをなんとか都合できたのでした。現代のように物があふれていて、お金さえあれば、たいていの望みが叶う時代からすればウソのような話ですが、なにをするにも苦労したものでした。

それだけに、物を大切にし、知恵をしぼったものです。いまになって思い出すと懐かしいのですが、当時はもう夢中で、もし、手に入らなかったらどうしようとか、次はどこに頼もうかと、不安ばかりが先に立っていたのです。戦中、戦後をある年齢で過ごされた人にとっては、共通のいまになっては懐かしい思い出です。

必死の思いで、手に入れたスッポン鍋の一式ですが、次の問題は、どうやって持っていくかです。京都から津山まで、現在なら道路も完備され、自動車で行けば造作のないことですが、その頃は、蒸気機関車でガタゴトと揺られて、長い時間をかけて出かけるわけです。それに、西に下る汽車の本数も少なく、遠出をするには、大騒ぎしなければならなかったのです。

こうした交通事情ですから、身仕度もしっかりしなければなりません。それも、私自身の身仕度よりも、大事な大事なスッポンの身仕度です。

いまのように、ゆすってても汁がこぼれない便利な密封容器などはありません。鍋は、入れるにも持つにも具合がよいのですが、蓋《ふた》が不安定です。少しゆすればずれてしまい、中味をこぼす危険があります。

陶器の壺も蓋に問題があるし、重たくて長い旅に持って出るのには不都合でした。

板場をさがしていると、ぴったりの容器が見つかったのです。ビンの口が広く、スッポンがすっぽりと入る形になっていて、少しゆすった位では、中味がこぼれ出ることはありません。まさに、今回の私の旅にはうってつけの容器です。

早速、スッポンをこのビンに移し、何重にも紙で巻いて、万が一、なにかにぶつけても衝撃が和らぐようにしました。そのうえから、大きめの風呂敷でしっかりと包み、胸に抱くようにして出発したのでした。

生まれたばかりの赤ちゃんを抱いて、お宮参りにでかけるようだとからかわれたものですが、私にとっては真剣そのもので、腕がしびれるほどにしっかりと抱えているのですから、冗談を言う余裕などまるでありません。もし、落として割ったりしたら一大事です。なんとしても、お届けしなければ八重の名がすたる、生命に替えても閣下の許へと必死の覚悟だったのです。

女の私は、兵隊として戦地に行くわけにはいきませんでしたが、出征というのは、こうした気持ちなのかと思ったりもしました。

なんとか乗車券を手に入れたのですが、京都駅は、たいへんな人でした。外出する用事のない私でしたから、駅に来たのは実に久しぶりなのです。日本が大変な時期に入ったからでしょうか、人がせわしなく動いているのです。こうした、人の集まる所に来ると、実感として、日本の状況がどうなっているのか、身に迫るように分かるものです。

汽車のなかは、応召された兵隊さんでいっぱいです。どこかの連隊に行き、そこから外地の戦場に送り出されるのでしょうか、みなさん緊張の面持ちでいたのが、いまでも強く印象に残っています。あのうちの幾人が、無事に帰国できたのだろうかと思うと、胸がふさがれる気持ちになります。

大きな兵隊さんに囲まれ、私はビンをしっかりと抱え、立ったまま姫路まで汽車にゆられていきました。

蒸気機関車がトンネルに入ると、一斉に窓を閉めるのですが、忘れていると煙が車内に入ってきて、ススで顔が真っ黒になったという笑い話みたいなことが、本当にあったものでした。なにをしても、人間や自然の香りがあったのです。

姫路で乗り換えてからが、また大仕事なのです。いまで言うローカル線ですから、本数も少なく、車輛の編成も小規模になります。いまではロープウエーもできて、姫路の観光名所になっている書写山の脇を通って、美作《みまさか》を通過してようやく津山に到着するのです。

何時間の旅でしたでしょうか、この間中、まるで気を抜いた時間がないのですから、身も心もくたくたでした。人にぶつかったり、固い物の角にビンをぶつけてしまったら、これまでの苦労が水の泡なのですから、最後の最後まで緊張のゆるむ時間がないのです。

やっと津山に到着したのですが、私にとっては、はじめての場所で右も左も分かりません。

いまですと、どんな小さな駅でも、駅前に一台や二台のタクシーが止まっているのですが、時代が違います。燃料のガソリンにこと欠きはじめていましたし、この頃の津山は、まだほんの田舎の町でした。

それに、閣下の住所も知らずにここまで来ているのです。有名なかただから、近くまで行けばどうにかなるだろうと思っていたのでした。津山城の下あたりにお宅があるというのですが、ただ、津山駅から津山城までどのくらいの距離があるのかも、当然ながら知りませんでした。

駅員さんにうかがうと、近くに乗り物があるからそれで行けばいいというのです。それは、自転車の横に人間の乗れる荷台のついた、オートバイのサイドカーの自転車版といったものです。タクシーの代用として利用されているものでした。

早速にお願いして、横の荷台に乗りました。津山城下の平沼閣下の家と言うと、すぐに分かりました。

しばらく行くと、道の端によく池を見かけるのです。それほど猫が多いとは思いませんが、どれもこれも金網がかぶせられています。

自転車の運転手さんに、何のための予防なのかと聞くと、ハンドルから片手を離して、空を指さしたのです。指先につられて空を見上げると恐ろしいほどたくさんのトンビが、空を舞っているのです。岡山でも、この山のほうまで入ってくると木も多く、トンビが住むにはもってこいの環境なのでしょう。金網がないと、たちまちのうちに鯉は全滅してしまうのです。

自転車の人が私の抱えている荷物を見て、「それ、何？」と聞くので、閣下へのお土産で、好物のスッポンだと答えました。

「それじゃ、トンビも好きかもしれない。トンビに油揚げさらわれないように、充分に気をつけて持っていなさい」

と、言うのです。

こんなに大きなビンですから、いくらトンビでもさらっていく気遣いはないのですが、突つかれてビンを落として中味を食べられてしまう危険はあります。たしかに、注意するにこしたことはありません。

もう一度、風呂敷に手を通しなおして、匂いが洩れないようにハンカチをかけ、しっかりと抱えなおしたのです。

その様子にトンビが、なにかよっぽどおいしいものと逆に察してしまったのでしょうか、三羽のトンビが降りてきたのです。まっすぐに、私を狙っているかのようでした。この時だけは、お願いだからこれだけは割らないで、と心のなかで叫んだものでした。

さあ目的地に着きました。門には護衛のかたがふたり立っていました。

そこに私が、風呂敷で包んだ上にハンカチをかぶせたビンを抱え、長旅で疲れた有様でフラフラと登場したのです。見るからに田舎丸出しの私を、上から下までジーッと眺めてました。

「私は、京都の柊家から参りました八重と申します。閣下は大事なお客さまで、お具合を悪くなさったとお聞きして、お見舞いに参上いたしました」

と、お伝えしました。すると護衛のかたが、

「あなたが八重さんですか。閣下から名前はよく聞かされています」

と、それまでの怖い顔つきが急に優しくなったのでした。まるで以前からの知り合いのように、旅の苦労をねぎらって下さいました。

あの三年間、ニコリともされなかった閣下が、私の名前を出して世間話をして下さったのかと思うと、たまらなくうれしくなりました。緊張していたのですが、このひとことで旅の疲れもふっ飛び、思わず笑顔になったのでした。

「どうぞ、どうぞ。閣下も大喜びなさるでしょう」

広いお屋敷の奥に通されました。庭の見える見晴らしのいい和室で、ここが病室に当てられているようでした。

庭が見渡せる場所に、閣下は布団をのべて横になっておられました。

私が近くに行くと、ニコリといつもの笑顔を見せて、

「よく来てくれたね、こんな所まで」

と、実に嬉しそうにおっしゃったのです。好物のスッポンをお渡しすると、

「お八重さんは、どうして私が病気だと知ったの。どうしてここが分かってきてくれたの」

と、矢継ぎ早やに次々と質問されたのです。こんなにおしゃべりをする閣下は、初めてでした。そして、その合間に「ああ、嬉しいなぁ、嬉しいなぁ」と、なん度も言われるのでした。傍にいて、これほど喜んでいただけるなら、こんな苦労はなんでもありませんと、こちらが嬉しくなるのでした。

それまでの激務から離れ、馴染みの顔に出会い、世間話ができるのが、どんなことにもかえがたい気晴らしになられたのでした。

柊家の人たちのことや、京の町の様子などについての話が一段落すると、私に、家の誰かを呼んでくれとおっしゃるので、お世話しているかたに取り次ぎました。

「きのう県庁から、鯉や米が届けられただろう。あれをお八重さんにご馳走しよう」と、おっしゃるのです。

長旅でお腹が空いてもいましたが、このお料理のおいしかったこと。はじめのうちは、閣下の前だから、かなり緊張して箸を動かしていたのですが、途中からはすっかり忘れてしまい、食べることに専念してしまったのです。

閣下も、私の食事の邪魔をしないように、黙ってニコニコしながらおいでになるだけなので、いつか私も意識しなくなってしまったのでした。

人のもてなし方を、きちんとご存知なのです。いつ、どこでこうしたことを学ばれたのでしょうか。

そろそろ、帰りの時間が気になりはじめてきました。おいとましなければなりません。すると閣下が、

「自分はほんの少しでいいんだ。あとはお八重さんにおにぎりにして持たせてあげなさい。おかずの残りも入れて差し上げなさい」

実に至れり尽せりのお気遣いなのです。

エビで鯛を釣るという諺がありますが、スッポンで鯉を釣ってしまったようです。

そして、それと一緒に閣下の心の暖かさや、もてなす時の心のあり方という、大きなお土産もいただいたのです。

この時のありがたさは、忘れられない思い出として、私のなかに残っています。

大内兵衛先生――慈しみの心を教わる

京都は歴史の町ですが、また学問の町でもあるのです。京都大学や同志社大学が、優秀な人材を数多く輩出しているのは、こうした長い時間の流れが育んできたためではないでしょうか。

そんな関係で、京都には全国から、有名な学者さんや教授の皆さんが、学会や研究会にお集まりになります。

柊家にもお馴染みさんが少なくありません。とくに東京からお見えになる先生が多いようでした。東京大学の大内兵衛先生や東畑精一先生、一橋大学の中山伊知郎先生にも、よくお泊まりいただきました。もっとも、大内先生は兵庫のご出身なので、京都は隣の庭みたいなもので、親しみもおありだったのでしょう。

大内先生については、ご本人はもちろんですが、これだけのかたになられると奥さまもとてもご立派です。さすがに違うものだなぁと感心させられます。

大内先生はほとんどいつも、おひとりでおこしになっていましたが、年に一度ぐらいでしょうか、奥さまとおふたりでお見えになります。

自宅では、毎朝、奥さまがきまって十本ほどの鉛筆を削って机の上に並べておかれるのだそうです。机に向かった時に、準備の時間をかけずにお仕事につかれるためだそうです。なかなか出来ることではありません。そこで、先生がお一人で柊家におこしのときは、私が鉛筆を削って差し上げました。

大内先生がある日、縁側にしゃがみ込んで、じっとお庭を見ておられるのです。外から小さな動物でもまぎれ込んできたのかな、それとも、珍しい植物や花でも見つけられたのだろうかと、私もおそばでしゃがんでみました。

そこに、カラスが一羽いたのです。そのカラスが二、三回地面をつついていたかと思ったら、急にバサバサと大きな羽音をさせて飛びあがったのです。

ハッとした私は、もう一度ハッとしたのです。くちばしの先に半分ほどになった鉛筆をくわえていたのです。先生のお仕事にかかせない鉛筆をくわえて、盗っていったのです。

「たいへん、先生の鉛筆を――」

しかし、先生はあわてるふうでもなく、平気なお顔をしておられるのです。

「鉛筆、盗られてしもうてますえ」

私は大あわてです。先生は「大丈夫、大丈夫」と言いながら、縁側から腰をあげて、お座敷に入られました。

「なにが大丈夫どすか、大切なお道具が、のうなりますがな」

すると先生は、こんなお話をして下さるのでした。

「カラスというのは、あの格好でどうもみんなに嫌われてしまうのだが、なかなか愛敬があって可愛いものなんだよ。頭もとってもいいんだ。

鉛筆を床に置いて、毎日こうしてオイデ、オイデをしているんだ。それで、一週間ほどすると、だんだん馴れてきて、そのうち鉛筆をくわえてどこかへ飛んでいってしまう。だけどね、その鉛筆で思いきり遊んであきてしまうと、きちんと返してくれるんだ。決して持っていったままにしないんだ。こうして、毎日のように顔を合わせていると、なにか分かるんだろうね。可愛いもんだよ」

と、おっしゃるのです。

そして、鉛筆で友達付き合いができると、次は、食事の残りを小さな容器に入れて出しておかれるようになったのです。

カラスは最初、先生のお顔と容器を見比べていたのですが、そのうちに器ごとくわえてどこかに飛んで行き、しばらくすると戻ってきて、器だけ置いていくようになったのでした。餌づけができたのです。

この時の先生のひとことが、とても印象に残っています。

「人間でも、畜生でも、心から可愛がると、むこうも心を許して本心を見せて付き合ってくれるものだ。この世の中に悪い生きものなんていないものさ」

教育に長いこと携わってきたかただけに、このことばは千金の重みがありました。ともすれば人間というのは、外見やふと耳にした噂話だけで相手を判断し、その価値を決めてしまいます。じっくりとお付き合いをしてみると、第一印象とまるで違うことも多々あります。

第一印象、直感もたしかに大切ですが、それに頼りすぎると、ことの本質を見誤ることは少なくありません。とくに、仲居という仕事をしていると、第一印象に重きを置きすぎる傾向が出てしまうものです。その上、人を見抜くというプロ意識がどこかにあるのは正直なところです。それだけに、間違えるという陥し穴に落ちる危険もあるわけなのです。

先生は、昭和五十五年（一九八〇）に亡くなられましたが、私にとっては、このおことばが最後の会話でした。それだけに記憶に残り、人に接する時の座右の銘として、いまも私自身をいましめているのです。

東畑精一先生——息子の人生を決めた師

東京大学で農業経済学を教えておられた東畑精一先生、一橋大学でやはり経済が専門の中山伊知郎先生も、柊家によくお見えいただいた懐かしい先生です。

このおふたりは仲が良くて、いつもご一緒でした。同じ三重県出身ということもあるのかもしれませんが、やはり、それ以上に学者同士として肝胆相照らす部分がたくさんあったのでしょう。

お座敷にお入りになると、すぐにお話し合いがはじまります。おふたりとも東京の大学ですから、東京ではいつもお会いできるし、お話しする機会も多くあると思いますが、京都に来てまで、よくこれだけお話しすることがあると感心してしまうほど、お話に熱中しておられます。ときには、英語で会話され、日本人同士なのに、これはえらいことだと目を白黒させたおぼえがあります。

お話は、ご専門の経済についての意見交換、学生のこと、将来日本のために役立つ学生を教育するにはどうしたらよいかなど、多岐にわたっておられました。

とくに、学生のあり方については、しばしば話し合われているところに出会いました。このように偉くなられた先生でも、やはり、教え子はこれほど可愛く、心配をするものなのだと心打たれました。

こうした先生がたがおられる限り、戦争が終わった後も、日本は大丈夫、安心していられると思ったものでした。

その東畑先生に、私が個人として一度だけご相談をして、とてもよいご忠告をいただいたことがありました。個人的な頼みごとなどできる先生ではないのですが、それだけ、私が悩んだあげくのことなのでした。

それは、私の息子についてでした。

息子は、大学の二年間、私の意見を入れて大学に通っていたのですが、三年生に進級する時になり、突然、中退したいと言いはじめたのです。

やはり、母親だけ働かせて自分が遊んでいるのに、耐えられないというのです。学問をするのは、遊んでいることと違うのですが、本人の意識としては遊んでいると思えてしまうのです。

二年間大学に行ったおかげで、学問のなんたるかや、勉強の方法を自分なりに摑んだつもりだ。あとは、仕事をしながらでも、自分の好きなことは学んでいけると言うのです。

このように、きちんと理に叶った言い方をされては、なかなか反論の糸口が見つかりません。二年間の大学生活が、ここまで理屈を言える人間に育ててくれたのです。いまの私ではちょっと太刀打ちできません。

幸いにも、たまたま東畑先生がご宿泊なさっていたのです。大学生のことは大学の先生にと、個人的なことでわずらわすのはとても気のひけることでしたが、ご相談にあがったのです。

「うん、うん」と言いながら一部始終を耳にされた先生は、次のようなアドバイスをくださったのでした。

「大学を出ても、偉い人や世の中の役に立つ人になれるとは限らないんだ。それよりも、息子さんの親を思う気持ち、世間に出て働きたいという心を認めてあげたらどうだろうか。大学に入ってからの二年間に少しずつ固めていった決心だと思うよ。かりに、大学を出たからといって、どこに就職できるのやら、またやりたいことが思い通りに仕事としてやっていけるのやら、それは分からないことなんだ。むしろ、現在の息子さんは目的をもって大学を中退して、なにか仕事をしようという気持ちに燃えているのだから、それを大切にして、気の向いたところに就職させた方がいいのじゃないのかな」

と、結論づけてくださったのでした。大学ばかりが勉強の場ではないと思っておられたのでした。

終戦後は、世の中も人間も、なにかガラリと変わってしまったと感じていました。これから、どうなっていくのだろうかと不安にもなっていたのですが、先生のお話を伺って、息子が人並みに生きていけそうだと知り、とてもほっとしたものです。

ややこしいことにならず、恥ずかしくない人間に育ってくれそうだと思うと、二十年余り背負ってきた肩の荷が、どうやら降ろせそうだと、軽い気分になったのを、いまでもはっきりとおぼえています。

おかげさまで息子もしっかり自立してくれています。私が九十歳を過ぎたら、おかずも作らないだろうと、持ってきてくれたり、火を使うことはすべてやってくれます。もし、火の不始末を出したら、「すみません」では世の中は許してくれません。真面目に生きてきた九十年という歳月が、一瞬で台無しになってしまうというのです。年をとれば、気が回らなくなり、ボーッとするのは当たり前、それだけになにかをする時は、ひとつずつ、それだけに精神を集中してするようにと、息子はいつもきつく言うのです。

自分ではどんなにしっかりしているつもりでも、年には勝てないのです。どこかに、ボンヤリとかウッカリという油断が忍び寄ってきているのです。

自分だけは大丈夫と思う心、これが事故の因《もと》なのです。思い返すとドキッとすることが、いくつかあるものです。

たとえば、お茶を沸かす時は、それに専念して、コンロの傍を離れないようにと言うのです。なんともしんどいことです。ほんの数分かそこいらのことですが、どうしても気になることがあると、そのことをしてしまいたがるのが人情です。

体が実際に動くかどうかは別にして、頭の中には、シャキッと動いた昔のままの自分がいるのです。そこで、ほかの用事にとりかかるとコンロのことは、すっかりとお留守になってしまうのです。

沸きすぎたあたりで気が付けばまだしも、すっかり忘れて空だきになり、そのまま外出でもしたら、まったくもって世間さまに顔向けのできないことになります。

自分のことを気遣うのは当然として、世間のことも考えに入れて自分のあり方を見なおすというのは、大切なことです。

このような世間並みの躾が、息子にきちんと備わっているのは、親としては何とも嬉しいことです。

川端康成先生——一代記をお断りしたこと

川端康成先生には、本当に柊家をご贔屓《ひいき》にしていただきました。

先生は、昭和四十三年（一九六八）に、ノーベル文学賞を受賞しておられます。「古都」「千羽鶴」「雪国」「伊豆の踊り子」など、数多くの名作がございます。

私は、京都を舞台にした「古都」が、京都に住む人間としては、やはりいちばん好きです。

この作品は、京都の年中行事として葵祭、祇園祭、大文字送り火、時代祭などが描かれ、名所として平安神宮、嵯峨、錦市場、北山杉、南禅寺、西陣が、春夏秋冬を背景にして描かれています。

初めて京都に来て、どこへ行ったらいいかと相談された時は、季節に合わせた場所をいくつか紹介した後、この作品をおすすめするのです。

実際に、現地でご覧になったのとは別の、新しい興味が沸いてくると思います。それぞれの場所が、作家の目を通して、どのように見えてくるのかを感じられれば、京都の二通りの楽しさが味わえるのです。

川端先生との初対面は、私がまだ、四十歳になるかならずの頃でした。最初の印象は、目の大きなかただな、ということでした。

お体は小さいほうでしたが、あの大きな目でジロリと見つめられると、初めのうち、私はすくんでしまいました。

本当に無口なおかたで、余分なことはほとんどお話しになりませんでした。お口には出さないけれど、どこかご不満な所があるのではないか、なにかしてほしいことがおありになるのではないかを、私のほうで察していかなければなりません。

それが、的《まと》を射《い》ていればいいのですが、見当違いなことをしてしまっては、なんにもなりません。先生が神経を休ませにおいでになられたのに、かえってイライラを増やしてしまいかねません。

寡黙のなかから、徐々にそうしたことを汲み取っていくのは、仲居の腕の見せ所なのです。そして、少しずつ、お客さまとの間を近づけていって親しくなるのです。川端先生とも沈黙をはさんで、お互いの気心を探り合い、いつのまにか、とても可愛がっていただけるようになりました。

年に数回お見えになることもあり、奥さまとご一緒のことも多く、そうしたときはおふたりで散歩に行かれたりと、仲の良いご夫婦でした。

お聞きしますと、先生は小説をお書きになるときは、たいていが旅先の宿でのことが多いようです。ご自宅では、毎日の続きになってしまうので、小説を書くときの刺激や新しい発想につながらないのでしょうか。

先生は、夜の十二時から朝の七時までが執筆時間です。この時間だけは、よほど緊急の用事でもない限り、お声をかけることはできません。お座敷の前の廊下を歩くのさえ、はばかられるくらいでした。

お座敷の中の張りつめた空気が、襖を通して外にまで流れ出ているようです。小説家の先生は、命を削りながら小説を書くといわれますが、本当にその通りだと納得できたほどです。

だからといって担当の仲居は、そのまま何もしないわけにはいきません。小説が書きやすい状態、執筆の途中でご不便を感じさせないことだけは、しておかなければならないのです。

執筆に入られると、私の就寝時間も深夜の一時過ぎになります。

まず一時までは起きていて、なにか必要なことがあれば、お声がかかるでしょうから、それまでは、ただお待ちしております。

十二時頃に、お座敷に入りますと、早い時には、原稿用紙に向かっておられるのです。こうなると、お仕事だけに意識がいっているので、翌朝まで私などの立ち入ることはなにもないのです。

ですから、冬場ですと、朝まで炭がもつようにたくさんおこして、灰に埋めた火鉢を先生の傍に置いておきます。朝まで暖をとらなければならないのですから、ずいぶんと大きな火鉢を用意しておきました。

炭はすべて真っ赤におこして、黒い部分をなくしておくのは、うまく燃えなくてガス中毒になられたら、それこそ大変だからです。

当時は、炭や豆炭、煉炭などが暖房の主流だったので、閉め切ったお座敷、とくに、立てつけがしっかりしていて、隙間風などが入らないお座敷では、不完全燃焼による一酸化炭素中毒で倒れる人が少なくなかったのです。

頭痛がするうちに気がつけばいいのですが、命を失う人さえいたのです。先生のように、小説に集中しておられるとまるで気づかずにいて、万が一の事故につながりかねません。それだけに、神経質すぎるほどに注意したのでした。

お座敷が乾燥しすぎてもいけませんので、火鉢の上に大きな鉄瓶をのせて、シュー、シューと湯気をたてて適度な湿気が保てるようにしました。

そして、魔法瓶にお湯を入れ、急須にお茶の葉を入れておきます。お湯をそそげば、すぐお茶が飲める仕度をしておくのです。あまり手間がかかるようだと、執筆の邪魔になりますので、最小限で事足りるようにしておきます。

それから小さな声で、「これで休ませていただきますが、なにかご用があればいつでもお呼びください」と、いって退がるのです。

先生は黙ってうなずかれるだけで、言葉では何もおっしゃいません。

いまなら、暑い、寒いといえば、リモコンひとつで温度調整のできるクーラーや暖房があるし、電気ヒーターなどは一酸化炭素中毒の心配もなく、体の傍に置いて暖がとれます。また、鉄瓶などなくても加湿器があれは、部屋の湿度は適度に保たれます。しかし、これも考えようです。いろいろと苦労をしてお世話してこそ、お客さまとの思い出が深まりますし、お客さまにしても、親身にしてくれたからと、お身内のようなお気持ちでお付き合いいただけたのだと思います。

こうしたことがなかったら、私の中に、何人の先生がたの記憶が残ったでしょうか。九十歳を過ぎたいまも、こうして私の頭のなかに鮮明な思い出としてあるのも、大変だった毎日があったからこそだと思うのです。

不便というのは、ありがたいことだとつくづく思うのです。いまのように便利になりすぎてしまうと、人とのお付き合いが希薄になり、その分思い出も少なくなっていくのでしょう。

最初の頃は、目の鋭い、見かけの恐ろしそうなかただという気持ちが強かったのですが、本当はその外見とは正反対のかたでした。

まったく優しくて、いろいろとお気づかいをしてくださるかただったのです。「お八重さん、お八重さん」とお声をかけてくださり、とても気さくな先生なのでした。奥さまが、私と同じ年ということもあって、なおさら、気を許してお付き合いしてくださったのかもしれません。

朝まで湯気の立っている鉄瓶。ほんのりとした香りの漂い。坪庭の風情。こうした日本の情緒風情を、先生はとても気に入られたようでした。先生の作品と一脈相通じるところがあるのでしょう。

そうした思いを、柊家は古都の一つの象徴であるとして、「柊家」と題する紹介文に書いてくださったことがありました。

「柊家の柊の模様にはなじみが深い。夜具にも、湯呑、飯茶碗などの瀬戸物、みだれ函や屑入れなどに目立たなく入った模様がいい。この目立たないことと、戦時も戦後も変わらないことが、古い都の柊家のいいところだ」

また、落ち着ける家風の宿であるとも書いていただいています。お客さまに、安らぎをお渡しできたら、それ以上になにがあるのでしょうか。先生の文章を読ませていただいた時、柊家の者すべてが、涙ぐんでしまうほどの感銘を受けたのでした。京阪神の旅行のあと、また中国、九州の旅の帰りにも、たびたび柊家にお寄りいただきました。

まだ、戦争中のことでした。

先生は、画家の小林古径先生、安田靫彦先生、梅原龍三郎先生、安井曽太郎先生や作家の武者小路実篤先生、哲学者の安倍能成先生、京都からは「広辞苑」の編者として知られている新村出先生、歌人として知られた川田順先生が加わって、桂離宮を見学する機会があったのだそうです。

その夜は、全員で同じホテルに泊まり、久しぶりにお話に花を咲かされたのだそうです。

翌日、一行が解散になると、先生はすぐに柊家に駆けつけてくださったのでした。ところが、先客がふたりおられたのです。小林古径先生と安田靫彦先生です。

この時の印象を川端先生は、

「夕方の柊家で出会った、変わった和服姿の二人の、性格のちがう白い顔は印象に残っている」

と、書かれています。

みなさんにここまで愛されている柊家は、なんと幸せなんだろうと思います。

川端先生の代表作「古都」は、京都の四季を背景に、美しく語られていく長編小説です。

単行本は、昭和三十七年（一九六二）に出版されたのですが、もともとは、新聞に連載されたのが初めてでした。昭和三十六年十月八日から三十七年の一月二十七日まで、百七回にわたり朝日新聞に掲載されました。ほどなくして、川口松太郎先生の脚色で舞台にかけられたのではなかったかと記憶しています。

この「古都」を執筆するにあたって、最初は柊家でお書きになりたいというお話があったのです。馴れてもいるし、先生としては、ほとんど決定したいお気持ちだったようですが、どたん場で中止になりました。

それは、お泊まりいただいても、長期間の滞在になるため、他のお客さまに気兼ねをされて、窮屈な思いをおかけしては先生に申し訳ない、執筆に差し障りがあってはいけないと、考えたのでした。

先生も、何日間も泊まり続けて部屋を占領していては、ほかの常連さんのお客さまを断らなければならない破目になるやもしれない。それでは、柊家に迷惑をかけることになると、お思いになられたようでした。

そこで、他に落ち着ける場所を探さなければならないと、四方八方に手を尽くすことになりました。下鴨神社に近い静かな場所で、昔、お公家さんが住んでられた、お茶室がふたつもあるお邸《やしき》が借りられる事になりました。ここならば、周囲にわずらわされず小説に打ち込めそうだと、素人ながらに思ったものです。

ここに移られて、新聞連載を開始されたのでした。百七回というのは、一年の三分の一はかかるわけです。準備の期間なども当然必要でしょうから、ずいぶんと長い間、気を張って仕事をお続けになるのだと、尊敬が半分、心配が半分の気持ちで、お仕事に出発されるのをお見送りしました。

いちばんの心配は、柊家にお泊まりいただいてお世話できなかったことです。これは、とても大きな心残りでした。

下鴨神社の近くに移られたからといって、そのまま何もお手伝いせずには、どうしてもいられません。

私にできることはないかと考えたあげく、お料理をお届けすることにしたのです。お泊まりいただいている時に、よく召し上がる好物を板前さんに特別に作ってもらい、それをお届けに行ったものでした。

時には、私の手料理を添えたことがありました。たまには、田舎の味も趣きがあっていいのではないかと思ったのです。おいしそうに召し上がっていただき、とても嬉しかったことを覚えています。

無事に連載を終わられたのですが、この時に、ひどい薬中毒になられていたのでした。

執筆中は、昼夜が逆転した生活を過ごされていたからでしょうか、睡眠薬を常用されていたのです。それが「古都」の執筆の前あたりから量が増えていき、連載中は、極度に多くなっていたのです。連載を終えられ、このままでは薬の毒に負けてしまうと使用を中止して、入院なさったのですが、激しい禁断症状に襲われたのでした。

私がお料理を運んでいた時も、こうした厳しい状態にご自分を追い込んで小説を書いておられたのです。どれほどに辛く、苦しいことであったかと思うと、いまでも心が痛みます。

その時に、私が先生の苦しさを知ったからといって、なにかのお力になることができるというものではありません。ただ、そのことに少しも気づかなかった自分の至らなさ、仲居としての未熟さに我慢がならなかったのです。

たしか「千羽鶴」という作品も、この下鴨神社の近くのお邸でお書きになっておられます。この作品が映画化された時に、主演の俳優さんに千羽鶴の飛んでいる、ちりめんの袱紗をいただいたのも、楽しい思い出です。

もうひとつ、私にとって、もっとも大きな思い出があります。いまになってふり返ってみると、とんでもなく損をしてしまったと後悔していることです。

それは私が、どんなに大バカ者であるかの証明でもあるのです。

「古都」を執筆なさるだいぶ前のことでした。

普段は、あまり余計なおしゃべりをされない川端先生から、こんなふうなお声をかけられたのでした。

「私に、お八重さんの一代記を書かせてもらえないだろうか」

いまならば、私にとってこんなもったいないお話をいただいたのですから、ふたつ返事でこちらからお願いしたいくらいのものです。

ところが、当時は違ったのです。仲居としての仕事がどのようなものかが、丁度わかり始めた時期で、忙しさの真っ最中、小説はおろか漫画を読むヒマさえなかったのでした。

ですから、小説に書かれることがどれほど価値のあることか、それに、作品のモデルにされることが、どんな名誉なことなのか、多分、しっかりと分かっていなかったのでしょう。

「申し訳ありませんが、それはお断りさせていただきます」

と、にべもなく、お断りの返事をすぐに差し上げてしまったのです。

「八重さんは欲のない、バカなお人ねぇ」

と、奥さまに笑われたのですが、まったくその通りです。どんな財産にもかえがたいお話だったのですから……。

もし、お受けしていれば、ノーベル文学賞の受賞作家の作品ですから、世界中のいろいろな国で翻訳され、各国の人々に読まれていたかもしれません。そして、この八重は、国際的な有名人になっていたのかもしれないのです。

まあ、これは冗談にしても、川端先生の目に私がどう映っていたのか、私の人生が、先生の名文によってどのように描写していただけたのか、とても興味あるところです。もし、私が断らずにお書きいただいていたら、孫の代までの家宝になっていたことでしょう。

奥さまに言われるまでもなく、私はアホやなぁと、しみじみ思うのです。

しかし私は、本当のところは、もうひとつお断りした理由があるのでした。これもアホな理由で、おおやけにするのが恥ずかしいようなことなのです。

その頃の、私が持っていた小説に対するイメージは「小説は悪口を書くもの」というものでした。

人が一生懸命隠そうとしていることをほじくり返して、それを、おもしろおかしく仕立てるものだと思いこんでいたのです。あの頃は、小説は読まないし、自分なりの曲がった解釈をしていたのですから、どんなに偉い先生のお言葉でも考える余地など少しもなかったのでした。

「悪口を書かれるのは嫌いどす」

と、断ってしまったのですから、先生からすれば見かけと一緒で、可愛気のないヤツだなぁと思われたのではないかと、いまだに赤面してしまいます。

悪口を書かれて困るのは、私ばかりでないのだと、その時は考えていたのです。折角、柊家で仲居の仕事を任されて、ここまで学ばせてもらっているのに、小説などに出て、恩のあるお店に迷惑をかけてしまったら、どんなお詫びをしても取り返しのつかないことになると思う気持ちも大きかったのです。

「アンタは欲のない人やなぁ。うちの人が一代記を書かせてくれなんて言ったことは、ただの一度もないんですから、年をとってから損するわよ」

と、いう奥さまのおことばは、まさにその通りでした。

私の一世一代の大損の思い出です。

失敗談の後は、トクをした話で、川端先生の思い出を締めさせてください。

ある日、私が使いに出て京都の町を歩いていた折りのことです。ほんとうに偶然、先生と出会ったのでした。なにかのご都合で、他のホテルにお泊まりになっていた時のことでした。私が、

「どこで浮気しといやすの」

と、おたずねいたしますと、先生はすました顔で、

「作家仲間と一緒なので、ほかでやっかいになっているんだ。また寄るからね。それより、いまからゑり萬に、家内の着物を買いに行くのだけど、お八重さんも付き合わないか」

と、おっしゃるのです。

「ゑり萬」というのは祇園にある、老舗の呉服屋さんです。

用事をすませたあとでしたのでお伴をして、私も付け下げを買っていただいたのです。いつも世話をかけているから、お礼のプレゼントということでした。

川端先生が、昭和四十七年（一九七二）四月、自殺されたというニュースを耳にした時は、信じられない気持ちが一杯で、とてもつらい思いをいたしました。

川端先生が、自殺される少し前にお作りになったという短歌があります。

友みなのいのちはすでにほろびたり
われの生くるは火中の蓮華

知人友人は、すべてなくなり、自分だけが生き残っている。その生き残っている自分も、決して幸せではなく、苦しみのなかに座しているのだ、というような意味なのでしょうか。

生きて地獄にいるような恐ろしく、そして、哀しい短歌なのです。時折思い出すと背筋がゾッと冷たくなるような気になります。

どんなに辛く、厳しい日々だったのでしょうか。私などには、どうすることもできない世界のことなのですが、もう少し、安らぎを感じていただけていたのなら、辛さをいささかでも忘れられることができたのではないかと思うと、とても心残りです。いまでも、願い事があって神社に詣でる時には、ゑり萬で買っていただいた付け下げを着ていきます。

そして、お願い事の最後に必ず、

「先生、八重はこうして元気でおります」

と、ご報告しているのです。

林芙美子先生——苦労話に涙して

柊家には、女流作家のかたもお見えになっています。林芙美子先生もそのなかのおひとりでした。

女流作家のかたは、たいていはお仲間と連れだっておいでになることが多いのですが、林先生だけはいつもおひとりでした。

林先生は山口県の出身で、苦労に苦労を重ね、高等女学校を卒業して、その後も女工、事務員、女給、売り子と、本当に生活と苦闘し続けたかたでした。その体験が「放浪記」という代表作を生んだのでしょう。

「放浪記」は、森光子さんの主演で舞台化されて、もうどのくらい上演されたのでしょう。全国各地で公演されているので、ずいぶんとたくさんのかたがご覧になり、終幕近くで涙を流されたのではないでしょうか。

林先生とは、よくお話をさせて頂きました。

外の用事から戻られる林先生を玄関でお迎えして、お座敷までご一緒します。ご用がおありかお伺いして、退室しようとすると、

「あ、ちょっとそこにいて」

と、おっしゃって、お話がはじまるのです。

「お八重さんはいいなあ、苦労もしないで、いろんな人に会えて……」

と、ため息とも呟《つぶや》きともつかぬ、心の奥底からしぼり出すような声をもらされるのです。私の事情を、そう克明に話したことはありませんが、私の苦労などは先生のご苦労に比べたら、まだまだ軽いのかもしれません。

「お八重さんはいいなあ、自分の好きなように生きられて……」

と、先生は私にむかっておっしゃいました。

たしかに、柊家に来るまでは不安定な暮らしでした。仲居は、初めての仕事でもあり、それなりの苦労はありました。けれど、いずれも自分で選んだ道ではありました。また、仲居という仕事には、最初から愛着を持って励んでいました。それがなければ

これほどの長い期間を、仲居として全うできなかったと思うのです。

「私は人にはいえないような苦労をして、苦労をして、ここまで来たんよ。カフェの女給をやったり、どんな辛いことをしてきたことか……」

時には私を相手に燗酒を二本ほど、少しずつ飲みながら、涙なしでは聞けないようなお話をしてくださいました。

「放浪記」の何倍も大変な毎日だったようです。小説には書けないような修羅場をくぐり抜けてこられたのでしょう。私には想像できない世界です。

私は、どれほど苦労をしても、次の日は必ずやってきましたが、先生のは、明日が信じられない種類の御苦労のようでした。

カフェというのは、外からはうかがいしれない暗闇を持った世界です。そこで生きた者でなければ分からない、凄味のある稼業なのだそうです。

その間に、私のこともお伝えするのですが、林先生の人生に比べると、なんと気楽な毎日であることかと、心安まるほどでした。

このような親密なお付き合いをさせていただいて気がついたことがありました。

林芙美子先生の笑顔を見たことがなかったことです。このおかたは、笑顔ひとつ他人に見せたことがありませんでした。これは大きな衝撃でした。積み重なった苦労は、人間から笑うことを奪ってしまうものなのでしょうか。

誰か、心のなかに溜まった苦労を、取り除けるほどに話し合える人が現ればいいのに、そして、笑いを取り戻せればいいのに——と心底思ったものでした。洗いざらい自分をさらけ出し、お話し尽くせれば、いやな過去の重荷も少しは軽くなるのではないか。その時には、先生の顔に笑いが帰ってくるのではないかと思ったのです。

最後にお目にかかった時も、出発する間際に、

「こんなにしんみり聞いてくれるのは、あなただけよ。また聞いてね」

と、言っておいでになりました。

お客さまで、苦労話をしてくださったのは、林先生だけでした。それだけに、印象に強く残っているのです。

私は、自分へのノルマとして、夜どんなに遅くなっても新聞の表から裏まで、しっ

かりと読むようにしています。そのうちに、読み終わらないと眠れない性分になってきたのです。

これは、お客さまの日常的な話題についていけなくなったらいけないという職業上の必要性と、文字をおぼえるためでした。社会的な話題は新聞で、知識や情報はお客さまから教えていただいたのです。

林先生は難しい文字や、小説を書くことをどこで学ばれたのでしょうか。直接に、お聞きしておけばよかったのにと、いま思うと残念です。

昭和二十六年（一九五一）に、五十歳にならずに狭心症で急死されています。作家になられて楽しいことはおありだったのでしょうか。心の底から笑えたことはあったのでしょうか。

先生の急逝の報に接したとき、すぐには信じられない気持ちと、これからは、ゆっくりお休み下さいという気持ちが交錯したのでした。

吉屋信子先生・宇野千代先生――明るさと楽しさ

女流小説家の吉屋信子先生と宇野千代先生も常連のお客さまでした。

吉屋先生は新潟のご出身で、女性読者に支持されたかたで、一時は少女小説もお書きになって巾広い読者層を獲得しておられました。

宇野先生はずいぶんと高齢になられてからも、お若い恰好をされて、随筆などを晩年まで精力的に執筆なさっていたようです。

このおふたりはいつもご一緒にお見えになり、林芙美子先生とは逆に、とても明るい性格で開放的なかたがたでした。

毎年、年初めにおそろいでお泊まりになるのは、京都で行われる、あるお茶の流派の初釜にご参加になるからです。

東畑先生や中山先生のように、偉い先生というのはご親友同士でも、私たちがしないような、難しい話題をあれこれ話し合われているものとばかり思っていたのですが、この先生がたはそうではないのです。私たちとまるで同じなのです。

どなたかの噂話をしたり、流行しているものの品定めをしたり、辛辣なことばが飛びかっていることもありました。これは聞いてはいけないのではないかと、お座敷の入口でお茶の道具を持ったまま、入るのをためらってしまうことさえあったほどです。ところがおふたりは、いっこうに頓着されないのです。思うところ、感じるところをありのままにしゃべって、なにがいけないというのか——まさに天下御免です。

最近は、歯に衣を着せない毒舌で、人気を得ているタレントさんも多いようですが、このおふたりはその元祖、家元とでも言ったらよいのでしょうか。しかも、話題作りのための毒舌ではなく、生活のなかからほとばしる毒舌ですから、痛快で納得できるのです。

ある年の初釜のあと、出席者のお土産に出されたおうすの茶碗が、宇野先生の好みにあうかどうかから始まり、出席者の人物評に移ったことがありました。

吉屋先生は、ある時は宇野先生の過激発言の抑え役に、ある時はあおり役にと、そばで拝聴していると、なんとなく漫才を聞いている気分になり、失礼ながらつい吹きだしてしまうことすらありました。

吉屋先生はお見かけは写真のままですが、お声が美しく、やさしい、きれいなかたでした。宇野先生が、お茶碗がお好みでなかったりすると、家元も参加者全員の好みに合わせてお茶碗を選ぶなんて、神様じゃないからできないことなのよ、となだめたりしていました。苦労してお選びになるんだから、そのお心をいただかなくてはと、お姉さんのような口ぶりです。

宇野先生は、好き嫌いがハッキリしていて、自分の好みをかくさずに出されるかたでした。やんちゃな妹さんといったタイプです。このお二人は、逆な性格だから、気がお合いになったのかもしれません。私にとっては、心のなごむお客さまでした。

北条秀司先生——京の心を思い出しに

劇作家としてさまざまの名作を舞台にかけてこられた北条先生も、柊家の常連さんでした。

先生は、仕事に刺激を感じなくなると京都においでになるというのです。古い都の息吹きに何かを感じられるのでしょうか。

そして柊家には、その途中の息抜きにとお立ち寄りになるようでした。

柊家での朝のめざめが格別とのことです。柊模様の夜具にくるまり、障子に映るさまざまな影、庭に聞こえる鶯の鳴き声、時々通りかかる、すぐき売りの声などがお座敷にまで届くと、京都に来ているという思いが、ひしひしとせまってくるとおっしゃるのです。

なるほど、これは、東京にはない風情かもしれません。

先生は、昼間に散歩へ出かけられるのは当然ですが、夜の散歩も気に入られていたようです。少し前までは、麩屋町も二条あたりまで行くと、夜の更けるのが早く、葉づれや虫の音など自然の音が、にぎやかに耳にできたものです。

静寂のなかの音に、先生は疲れた神経を休ませられるのでしょうか、二、三日そのようなことをくり返しておられると、元気になって東京にお帰りになっていきました。お仕事への新しい情熱に火がともったのでしょう。

京都は、（そして、柊家は）北条先生にとって、休息の場所だったのです。

いつも変わらずに、淡々としてお泊まりいただいたものでした。その胸のうちには、新しい創作にむけて、大きな炎の塊が燃えさかっていたのでしょうが、それは、私には見えないものでした。

チャップリンさんやアラン・ドロンさん

外国の俳優さんが日本に来ると、必ずといってよいほど京都に来られます。やはり、昔ながらの日本、日本の粋を感じるということになると京都なのでしょうか。

そして、ホテルではない和風旅館ということで、よくご利用されます。

美男俳優として、日本でも人気の高いアラン・ドロンさんがお見えになったことがあります。お座敷の調度などを、物珍しげに見つめられていた姿がとても印象に残っています。

それほど大柄ではないのですが、お顔だちはよく目にする写真とそっくりで、キリッとしていながら、口許には甘さがあるハンサムで、若い女性が夢中になるのが納得できるかたでした。

チャップリンさんもお見えになりました。このかたは、いく度か日本に来ておられ、日本通らしくお茶室でお茶を召し上がっていかれました。

チャップリンさんというと、山高帽子にチョビヒゲでステッキを突いているあのスタイルが頭に浮かびますが、おいでの時は、ごく普通のスーツ姿で、奥さまがご一緒され、とても几帳面なご様子から、なにか別の人のように感じたことを覚えています。

奥さまといえば、志賀直哉先生の奥さま、このかたは他の人には真似のできないようなことを、先生にして差し上げることができるお人でした。

私はびっくりもし、感動もしたものでした。

志賀先生は、夜の十時か十一時頃から仕事に入られるのですが、奥さまは夏場でも帯ひとつほどかずに後に座って、うちわで風を送っているのです。

こうした奥さまでないと、ご主人も偉くなれないのかもしれないと、感心したものでした。

画家たちのお宿として

柊家は、画家の先生がたとのご縁も深いのです。古い情緒の残っている風情が、絵心に働きかけるせいなのでしょうか。院展などの催し物があると、大家と呼ばれる先生が、大挙しておいでになります。背の高い横山大観先生、髪が白く背の低い前田青邨先生、小林古径先生は、モンペ姿が特徴的でした。

こうした先生が十人も揃われると、もうにぎやかなこと。それぞれご自分の思っていることをお話しされるので、なにか小学校の教室にいるようでした。みなさん、どこか純真で子供のような心をお持ちになっているのかもしれません。とても楽しそうに、おしゃべりに没頭しておられるので、私の入る幕などありません。お茶の支度をして早々に退散します。

ある時、なにか他にご用事があったのでしょうか、伊東深水先生が遅れて到着されたことがありました。

ご自分が、その渦に入っている時は、お気づきにならないのでしょうが、遅れてしまうとなかなか渦のなかに入っていけないもののようです。

しばらくは、黙ってみなさんのおしゃべりを眺めておられたのですが、そばに座っている私に目を移して、こうおっしゃったのです。

「いつも気を使ってお世話してもらっているお礼に、お八重さんを描いてあげるから、色紙をもっていらっしゃい」

私が美人ならば、すぐに色紙をおもちして、記念の一枚を描いていただいたかもしれません。ところが私は、自分がどんなにおへちゃかを、ちゃんと自覚していますから、そんな無茶はできません。

「先生、お心はうれしおすけど、こんなカオ、描いてもろうても困りますさかいに」

と、やんわりとご辞退したのです。

するとと先生は、じいっと私の顔を見つめてから、感にたえないような表情で、こうおっしゃったのでした。

「へえー、あんたにもまだ色気があったんだな」

これは先生なりの冗談で、私の気持ちをほぐすためのものなのです。

そこで、色紙ではなく、そばにあったハンカチに、可愛い女の子を描いてくださったのでした。

このハンカチは大事な記念です。いまは、息子の喫茶店に大切に飾らせてもらっています。

あの可愛い女の子は、私をイメージしたものかどうか、伊東先生におうかがいしておけばよかったと思うのですが、こんなおたずねをしたら、もう一度、先生から同じことばが返ってきたかもしれません。

「へえー、あんたにもまだ色気があったんだな」

と——。

小泉信三先生――子を想う親の心

いくつになっても親は親、子は子なのです。子供が生まれた時に根づいたこの感情は、消えることがないのです。

息子が母親の火の始末に気を使い、毎晩のおかずを届けてくれるようになっても、これは変わらないのです。九十歳を過ぎた母親が、自分のことはさておき、六十歳を越した息子を心配するのですから妙なものです。

そして、私の心が息子にむく時に、思い出すお客さまがおひとりおられるのです。

小泉信三先生です。経済学者であり、教育家で慶應義塾大学の塾長もお努めになりました。しかし、今上天皇が皇太子さまの時代、そのご教育にあたられたかたとご紹介したほうが、お分かりいただけると思います。

先生は戦前からのご贔屓で、戦後もよくおいでいただいたのです。

先生のご著書に「海軍主計大尉小泉信吉」がございます。海軍に行かれたご子息信吉さまの一部始終を克明に綴られたご本です。

父親というのは、我が子に対して、どのような心を抱いているかが痛いほど伝わってくる内容です。

ご本の中に、テニスの試合に負けた信吉さんに、信三先生が色紙を贈って励ますくだりがあります。色紙には「練習とは不可能を可能にする」と、したためてありました。

試合に敗れたことをクヨクヨと悔んでもしかたがない。同じ轍《てつ》を踏まないためには、より自分を向上させる練習しかないというのです。

最後に頼るのは自分以外にない、そのための自己研鑽をおこたってはならないということです。獅子は我が子を千尋の谷に突き落として鍛えると言います。いつも手を差し延べるだけではいけないのです。

とにかくやさしい人で、誰に対しても礼儀正しく応対されるのには、びっくりしました。私のような者にも、言われたことの意味がとれなくて首をかしげていると、分かるまで、何回でも、それこそ噛んでふくめるように説明してくださったものでした。

当時の皇太子殿下が美智子妃とご結婚される前には、そのご準備のためでしょうか、たびたび京都に見えておられました。

先生は昭和四十一年（一九六六）に亡くなられました。川端先生と交流のあった学習院大学の安倍能成先生と同じ没年です。

この年は、羽田沖に旅客機が墜落して、一三三名の乗客が全員死亡するという悲惨な大事故がありました。旅をするお客さまをお相手にする仕事をしていると、こうした出来事にはとても敏感になります。もしかして、お泊まりのかたのお名前が――と、ニュースに釘づけになります。

この事故の記憶と相まって、小泉先生の没年は強く心に留まるのです。

三島由紀夫先生——忘れられない別れ

三島由紀夫先生も京都がお好きで、よくお見えになっていただきました。柊家が定宿で、あまりよそへはいかれなかったのではないでしょうか。

背はそれほど高いほうではないかたですが、ガッチリと筋肉のついた、背筋のピンと張った体つきのかたでした。運動で鍛えられたそうですが、本当にそんな感じがあふれていました。

姿勢がとてもよくて、戦争が終わるまでよく見えていた軍人さんを思い出させるような体格でした。口許も真一文字にキュッとひきしまっていて、意志の強いお顔をしておられました。

「楯《たて》の会」というグループを組織していた時の、制服の写真を拝見したことがありますが、とてもよくお似合いで、あの体格にあのお顔だちならば当然のことと思います。

三島先生も、どちらかと言えば無口なほうでしたが、なにかの話の続きで興味が湧いてくると、よくお話をしてくださいました。やや早口気味で、少し高い、透る声でした。

ただ、どんなにお話になっても、小説に関することは、口にされたことはありません。今度はどんな小説をお書きになるつもりだとか、昨晩は筆が運ばなくて往生したとか、ほんのひとことでも話題にされませんでした。

小説は自分だけの世界なので、他の人には一歩も踏み込ませないという堅いお気持ちがあったのでしょうか。

それともうひとつ、絶対に話題にされないことがありました。それは、人の噂話です。噂というのは、どうしても当て推量でしゃべってしまい、それがひとり歩きをして、当のご本人を傷つけたり、また、えてして悪口になりかねないので、それがおいやだったのではないでしょうか。

話がウワサの領域に入りかけると、はっきりそれと分かるように不快な顔をされていました。こうしたあたりも実に潔《いさぎよ》くて、日本の古武士を想像させるところがありました。

坊っちゃんを、いつもご一緒にお連れになっていました。本当に子煩悩で、目に入れても痛くないということばが、ぴったりするほどの可愛いがりようです。期待するところがとても大きかったようでした。

奥さまとの間も、なんとも睦《むつ》まじくて、外から見ていてもいいご夫婦で、共通する趣味もあり、お二人で楽しんでいらしたのではないでしょうか。

馬がお好きで、乗馬なども揃っておやりになっていたようでした。

外国に行って、広い牧場や草原で馬に乗ってきたんだ――と、いったお土産話を聞かせてくださったこともありました。このご夫婦が、乗馬服で駈けているご様子を想像すると、なんだか映画の一場面を見ている気分になったものでした。

三島先生が最後においでになられたのは、昭和四十五年十月の末、三十日ではなかったでしょうか。ご家族連れでお見えになられたのです。

実は、この時おいでいただくには、わけがあったのです。

その前の年のことです。私は先生を松茸狩りにお誘いをしたのでした。

いつもお仕事に追われているご様子なので、たまには息抜きの一日をつくって、みなさんでのんびりなさってはどうかと思い、おすすめしたのです。

小説家の先生は、私などの知らない世間のことをいろいろとお書きになるので、ご存知ないことはまるでないと思っていたのです。しかし先生は、私の言葉に、こんなお答えをされたのでした。

「松茸狩りか、やったことないなぁ。それよりも、生えている所を見たこともないよ」

秋の山を歩く松茸狩りは、それは楽しいのです。色づいてきた木々の間を探し歩くと、毎日のことも忘れられ、ストレスの解消にもなるし、これからのお仕事に少しでもお役に立つかもしれません。

洛北の高雄山の近くに、柊家と親戚付き合いをしている、もみぢ家さんという旅館があります。ここは山持ちで、その山には松茸が自生しています。

来年の秋になったら、ご都合のついた時に言っていただければ、いつでもご用意してお待ちしていますからと、お約束したのでした。

しかし、翌年の秋になったのに、なんのご連絡もありません。お忙しすぎるのか、それともお忘れになってしまったのかと思っているうちに、松茸の季節が過ぎていきかけました。遊びですから、こちらからお電話をしてお声をかけるのも、いささかはばかられたのです。

そうした時に、先生からお電話があったのでした。

――十月の末には行けるけれど、去年の約束を忘れないでくれているか――と。

先生も忘れないでいて下さったのだと、私は嬉しさで一杯になりました。

ところが、ひとつ問題がありました。松茸の季節はそろそろ終わりで、山に入っても松茸がありません。

そこで、もみぢ家さんに無理なお願いをしたのでした。

松茸を十本ほど、実際に生えているように、アカマツの根元に植えておいていただくことにしたのです。

この時をのがしたら、いつまた松茸狩りができる機会がめぐってくるか、分かりません。私はどんなことをしても、楽しんでいただきたかったのです。

もみぢ家さんの協力のおかげで、楽しい一日が過ごせていただけたようでした。昭和四十五年十月も終わりの一日、そして、私が先生にお目にかかった最後でもあったのです。

高雄山から戻られた夕食前、私がお座敷にお訪ねすると、いつもとご様子が違っていました。とっくに浴衣に着替えておられると思ったのですが、まだ、外出した時の洋服のままで、座ぶとんを二枚敷いてごろんと横になっておられるのです。夜具の掛けぶとんが胸のあたりまでかけてありました。

そばで奥さまが、涙ぐんでいらっしゃるご様子です。なにか諍《いさか》いでもなさったのでしょうか。しかし、ご夫婦のことなので、私には口をはさめるわけがありません。知らぬふりをするのが、精一杯なのです。

私は気づかないふりをして、小声で奥さまにこう申しました。

「お食事のお時間ですが、もうお持ちしてもよろしおすか。それともお具合がお悪いようでしたら、もう少し後にお運びしましょうか」

奥さまが取り次ぐと、心配はいらないから、すぐに用意をしてくれるようにとのご返事でした。一日の松茸狩りで、ややお疲れになられたのでしょうか、大事にならなくてよかったと、安堵してお食事の仕度に退室しました。

このやりとりの間中、坊っちゃんはお座敷の真ん中にある卓のそばにレールを敷いて、その上でおもちゃの汽車を走らせていましたが、先生は横になったまま、それをジーッと目で追っておられるのです。

無邪気に遊ぶ坊っちゃんと、思いつめたような眼差しでそれを眺めておられる先生、なんとも気づまりな雰囲気でした。

お食事をお持ちすると、奥さまが片付けられたのでしょうか、掛けぶとんをきちんと押入れにしまわれていました。

先生も着替えをすませて、卓の前にお座りになっておられましたが、目だけは相変わらず遊んでいる坊っちゃんに向けていらっしゃいました。

あまりにも真剣な表情で見つめられているので、もしかしたら、坊っちゃんの具合でも悪いのではないかと思いましたが、元気に遊んでいらっしゃるご様子からは、そのような気配はまるでありません。

お食事中もまるで黙ったままで、なにかをお考えのご様子でした。

お膳のものにもほとんど手をつけず、いつもご飯を軽く二膳は召し上がるのですが、この日の夕食では、やっと一膳というところでした。これほどまでに胸につまるお考えごととは、いったい何なのでしょうか。全く見当がつきませんでした。

静かなままで食事がすみました。先生がこのご様子なので、奥さまのお食事もすみません。食卓のお料理はほとんど手がつけられず、そのまま残ってしまいました。

すると、これまではずっと沈黙を通していらっしゃった先生が、突然にこう話しかけてこられたのでした。

「お八重さん、ひとつ聞いてくれるかな」

なんのことだろうかと、思い当たるようなことを頭に浮かべてみました。ところが、意外なことをおたずねになったです。

「うちの坊主は、僕より上を行くようになれると思うかね。正直なところを言ってみてくれないか」

坊っちゃんが先生を超える人物になれるかどうかを、聞かせてほしいとおっしゃるのです。

どれほど偉くなられても、世間に名を知られるようなお仕事をなさっても、子供を気づかう親の気持ちは変わらないものだと、胸の中が熱くなるような感動をおぼえました。

子供の人生に、親はどれほどのことをしてやれるのだろうか――私も子の親として、先生と共通する悩みを抱えています。人間は、どんなに才能や立場が別であっても、同じ悩みに心をいためることがあるのでしょう。

それだけに小説家という、私と比べれば何倍、何十倍の荷物を背負っておられるかたの悩みが、どれほどに深いかが、なんとはなしに感じ取れるのでした。

「先生、なにをおいやすの。これだけ大きゅうなられて、この坊っちゃんの日頃のご様子からして、それに先生と奥さまとの間のお子やないですか。きっと先生以上のかたにならはります」

と、思うままを申し上げたのでした。すると、

「ああ、そうか」

と、大きく息を吐かれたあとに、

「これで安心だ。何も思い残すことはなくなったよ。あとは一生懸命に勉強するだけだな」

初めて笑みをこぼされたのでした。今回の京都旅行で先生が見せられた、たった一回の、それも満足そうな微笑みでした。


翌日の午後、お帰りになる時も、いつもの先生とは違うことがいくつかありました。玄関で靴を履かれ、門をくぐって車の所に行かれる迄、二回も三回も後をふり返られたのです。なにか後髪を引かれるような、そして、思い残すことがあるように……。これまでの、さっさと行動なさる先生にしては、ためらいを感じさせるご様子でした。

そして、いよいよ車に乗り込まれる時、

「お八重さん、長生きしてください。みなさん、いつも大事にしてくれて、本当にありがとう」

と、どうご返事をしたらよいのか、とまどうようなおことばを残して帰って行かれたのでした。

妙なことをおっしゃるものだ。やはり、ご体調が良くないのではないか、と思ったものでした。

しばらくすると、フロントから連絡が入りました。三島先生からのお電話だというのです。私は瞬間、なにか忘れ物をなさったのではないかと思いました。しかし、ご出発のあと、お座敷の掃除をしたけれど、なにもなかったがといぶかしく思いながら受話器を取りあげました。

「お八重さんか」

「へえ、そうどす」

「僕は思うところがあってしばらく京都を離れます。また会えるかどうかは分からないけれど、お八重さん、必ず長生きしてくださいね。そして、もし、僕が戻れるようなことがあったら、また会えるようにがんばっていてください。元気で」

京都駅からの電話でした。

電話を切った後、いつまでもこのことばかり気にかかり、とても不安な気持ちになったことが、現在《いま》になっても、ありありと思い出すことができます。

これが三島先生とかわした、本当に最後の会話でした。

坊っちゃんの将来にだけは、お心残りがおありのご様子でしたが、すべて覚悟を決めてのご旅行だったのでしょう。


そして、十一月二十五日午前十一時すぎ、三島先生は楯の会の制服を身につけて、東京市ヶ谷の陸上自衛隊に押し入り、正面玄関のバルコニーから自衛隊員たちにクーデターを呼びかけ、自らは切腹をして、その生命を断たれたのでした。

ラジオの臨時ニュースでこの報道を耳にした時は、まさかという気持ちで信じられませんでした。なにかの間違いではないか、もしかしたら、別人が先生の名をかたっているのではないか……と。

京都駅からの電話のことばを思い出し、あれは先生のお別れだったのかと気がつくと、涙があふれだしてとめることができませんでした。

先生の残された辞世の歌があります。

散るをいとふ世にも人にもさきがけて
　散るこそ花と吹く小夜嵐

益荒男《ますらを》がたばさむ太刀の鞘鳴りに
　幾とせ耐へて今日の初霜

武士の面影のある先生が、当時の社会のあり方、それに耐えかねて死に急ぐ心のご様子がうかがえ、読み返すたびにせつなくなる二首の短歌です。

私には分からないことばかりです。

あれほど偉い先生が、どうしてこれほど死に急がれたのでしょうか。ほかに、社会に対してご自分の考えるところを伝える方法は、いくらでもあったのではないでしょうか。何故、割腹という死に方を選ばれたのでしょう。どうしてもお聞きしたいことです。

ご葬儀には参列したかったのですが、私のような者は寄せてもらえないだろうと、四十九日を過ぎた頃、お線香をあげさせていただきにお宅に参りました。

そこで驚いたのは、四十九日を過ぎてもまだ、お宅の前には沢山の人が集まっていたのです。学生さんが多いのでしょうか、先生の死を悼む若者たちでいっぱいでした。

川端先生も三島先生も、古き良き日本、心の故郷としての日本を、京都に、そして柊家に重ねて感じられて、足繁く通われたのでしょう。そのご縁をありがたく思い、わたしも残す日々を、おふたりの愛した京都という町の中で過ごしていきたいと思っています。

第三章　語り残し、思い残して……いま

三島先生の残されたもの

私の甥《おい》、息子からすると従兄弟《いとこ》に当たる青年がいます。現在では愛知県で、かなり大きな材木屋を経営しています。

この青年が大学の時、三島先生にからむひとつのエピソードがありました。彼が慶應義塾大学の在学中に、先生の自決事件がおきたのでした。日頃から先生を尊敬していた彼は、非常な衝撃《しょうげき》を受けたのです。

精神的な部分でのおおきな支柱であったのですから、私が受けたものとは性質的には大違いでしょうが、どんなにショックだったか、私なりに理解できたのです。

そして、甥は学校をやめたいと言い出したのです。学校をやめて先生のあとを追いたいと言うのです。ひとつには、途中で挫折した先生の考えを、自分なりに社会に広めていきたいらしいのです。それが成功しても、もし、失敗したらなおさらなのですが、自殺をする危険がありました。

それが、先生のあとを追うということではないのかと、両親は大あわてです。このままでは、かけがえのない息子を失ってしまい、家業である材木屋も自分の代で閉めなければなりません。

私が、三島先生のお座敷についていているのを知っているふたりは、息子の考えをなんとかおしとどめてくれるように頼んできたのでした。

私にとっても可愛い甥です。学校を休んでいる甥を京都に呼び出しました。

この子にとっては、おそらく人生で初めて出会った最大のショックです。それだけにいまは〝三島由紀夫〟という名前が心の中で大反響していて、どんな説得も心に届かないはずです。誰の言うことも耳に入らないでしょう。ここは、衝撃には衝撃をもって当たるしかない、と思ったのです。つまり、言いかたは少し違うかもしれませんが「毒をもって毒を制す」しかないのです。

私は甥に会うとすぐに、叱るような調子でこう言いました。

——あんた、何を考えているの。このくらいのことで挫《くじ》けて学校へも行かなくな

ると は、それでも男なの。三島先生が聞かはったら、お泣きやすよ。あんたが、これで死ぬほど辛い、悲しい言うんやったら、おばあちゃんはなんべん死んだか分からへん。おばあちゃんの苦労は並大抵のものとは大違いなんやから――。

甥は黙って下を向いたままです。

そこで、柊家に見えた時の三島先生のことや、私が今日までどんな苦労をしたかということ、お泊まりになられた先生から学んだ人生のことを説《と》いて聞かせたのです。とくに、三島先生の最後の言葉「お八重さん、長生きして」と言うのは、生きてこそ世の中のために出来ることがある、それを少しでもいいからやってほしいという、先生の遺言だと私は思っている。私はこのことばをあんたにもあげるから、一緒にがんばってみようと言ったのです。

私の説得が甥の心に届いたようです。私の言うことに「うん、うん」と頷くようになったのです。これなら大丈夫かもしれない。私は大役を果たし、内心ホッと胸をなでおろしました。

先生のあとを追いたいなどと、これは、青春の頃に誰でもがかかるハシカみたいなものなのです。憧れる人のために殉死《じゅんし》する、思いつめてする行動は、青春の特権なのです。甥の夢中になって打ちこむ様子は、眩《まぶ》しくさえありました。

――さあ、明日からはまた学校に行こうな。欲しいものがあったらおばあちゃんに言ってごらん。今日の記念にあんたにあげるさかいにな――。

すると甥は、とんでもないことを口に出したのです。

「三島先生の書いたものが欲しい。それを一生のお守りにして、明日から学校に戻ります」

これには困りました。先生の書いたものが、おいそれとあるはずがありません。しかし、それがないと学校に戻らないかもしれないのです。

しょうがない。私の大切なものなのだけれど、あれを出すしかないか。最愛の甥のために、宝物を提供する覚悟を決めたのでした。

先生から頂いた色紙が一枚あるのです。

――あんた、おばあちゃんの名前の入っているんでも、かまへんか――。

すると、甥は、

「おばあちゃんの名前が入っているなら、もっといい。いつもふたりに見てもらっている気持ちになれるんだから」

と、言うんです。ここまで言われたら、もう出さないわけにはいきません。もったいなくて本当にあげたくなかったのです。でも甥の命がかかっているのですから、ここは、清水の舞台から飛び降りた気になるしかありません。

ええい、京のおなごの心意気。

それにこの一枚の色紙で、ひとりの青年の命が救えたら、先生もどんなにか喜んでくださるかしれません。

そして、甥が引き継いだ材木屋の社長室には、額に納められた先生の色紙が、いまでも飾られています。甥の命を救って、立派な経営者にしてくれた、日本一特大なお守りです。

亡くなられてからも、人の為になって下さっている三島先生を思うと、私もまだまだこの世の中で、役に立つことがあるのではないかと思っているのです。

フロントの若者たち

フロントの実習に、日本旅館の跡継ぎが二、三年研修にきます。大学を卒業し、家では何もしたことのない文字通りのボンボンが修業に来ます。だからといって、特別待遇はしません。やることはすべて横並びで、同じことをやってもらいます。

一週間目は便所掃除、二週間目は板場の下働き、三週間目でやっとフロントで接客の仕方を実習します。家ではすべて親がかりで、家事など一切しなかったような若者が、なれない手つきでバケツで雑巾をしぼっている様子を見ていると、切なくて胸がいっぱいになります。一人前になるには、誰もが通る道なのですが……。

バケツに水を汲むのも、頃合《ころあ》いを学ぶ修業なのです。水が少なければ、ちょっと雑巾を濯《すす》ぐだけでも汚れてしまいます。逆に多すぎると、運ぶ途中にこぼれるし、濯ぐ時にもあたりに水をはねちらかして、雑巾で拭《ふ》くそばから新しい仕事をふやす結果になります。いまの人は、こうした適度の頃合がわからないことが多いのです。人生においても、やりすぎてもいけないことがある、やらなすぎはもっと困ったことになる。こうした具合を身をもって知るわけです。

雑巾を持って悪戦苦闘《あくせんくとう》している青年に、いつも言っていることがあります。

――家庭ではなにもしたことのない自分が、なんで他人の家でこんなことせんとあかんのやろうと、あほらしと思うことがありまっしゃろ。ところが、他人の家やから、したことのないことをせんとあかん。みんなに喜んでもらうためにせなあかんのや。

仕方がない、いう気持ちでやったらあかん。そんな気持ちは、すぐに見破られてしまう。どうせやるんやったら、あそこの手洗いは日本一きれいや、と言われるほどにやったら、自分かて良い気持ちになれるのやないか。

そして、いまの気持ちを忘れんこと。いずれあんたも大将にならはるんやろうけど、その時はいちばんシンドイ仕事をしている人に、ご苦労さんとひとこと声をかけてあげること。これがどんなに励みになるか、いまのあんたはんなら分かるやろ。真心のこもった優しいことばを、上に立つ人は忘れたらいけまへん。そうしたら下にいる者は、どんなにしたってその人についてきてくれるのやさかいな——。

真剣に聞いて、これを守ってくれた人は、それぞれの所で立派な仕事をしています。

五代目の女将が、このまま柊家のフロントにしておきたいと言ったほどに、目をかけた男性がひとりおりました。大学を出て、一年間アメリカのホテルで勉強してきたエリートです。

この子が、柊家の女子従業員と結婚をしたいと言い出したのでした。

七年間柊家で働いている女性で、少し年上でした。好き合ったふたりですから、諸《もろ》々《もろ》の条件は乗り越えられるでしょうが、最大の壁がひとつあったのです。そんなことが、と言われるかもしれませんが、家柄がつり合わないのです。

まだある部分では、家というものが結婚に際して大きな要素となるのです。このふたりにも家という問題があったのです。こうしたケースでは、とくに、女性のほうがあとあと苦労するのです。しかし、二人の決意は堅いようです。そこで、私はある提案をしました。

男性のご両親の眼鏡に適《かな》うかどうか、まず会わせてしまおうと考えたのでした。ところが、この作戦が大成功をおさめたのです。ご両親が私の所においでになり、こう言われました。

――家がどうとか、年が上とか、そんなことは私たちはまるで気にしない。七年も柊家さんに務めただけに、仕事の肝心かなめはきちんと心得ている。私たちの言うこともしっかりと聞いてくれる。是非とも嫁に――。

と、親御さんのほうが熱心になってしまわれました。そのうえに、

――嫁に出すには衣装がいる、お金もかかると、里のご実家が心配なさっているとのことですが、それはご無用。さまざまな費用は、失礼でなければ新郎側ですべて準備させていただいて、お迎えしたい――。

とてもいい話ですが、うっかりすると、新婦側のご両親の体面を傷つけかねない申し入れでもあるのです。しかし、今度は男性の態度が見事でした。相手のご両親に、ふたりの幸せを思う以外は、いささかの他意もないという自分の気持ちを、二十四枚

の便箋にしたためて、それを持って彼女の家を訪ねたのでした。

思いのすべてを綴った手紙を読んでもらい、納得していただくまでは座敷にあがれませんと、玄関でご両親の返事をもらうまで待っていたのだそうです。

この夫婦も新郎の実家を継ぎ、女性も立派な女将として、いまでは見事な采配をふるっています。

真心をもって事に当たる、それを親子二代で見せていただいた、私の貴重な思い出のひとつです。

一人前の板前になりたい

板場見習いとして、高校を中退した男の子が入ってきました。ずいぶんと利かん気でやんちゃな子でした。

それまでは、普通の高校生だったのですが、ひょんなことで、父親が外に子供をこしらえていたことを知ってしまったのです。なにごとにも真面目で一生懸命に取り組む、一本気な性格だったので、父親に裏切られたという思いが、一時に吹き出してしまったのでしょう。

成績も三番から下には落ちないほどだったのですが、そのタガがすっかりとはずれてしまいました。学校には出てこない、町に出ては喧嘩をするなど、完全にぐれてしまったのです。

喧嘩三昧《ざんまい》に明け暮れていれば、怪我をする相手が出てくる。そのうちに、学校に苦情が持ち込まれる、警察沙汰になるのも時間の問題になってきました。成績の優秀な生徒だったので学校側としては、いつか自分のしていることの非に気がついて戻ってくると、期待していたようです。

しかし、外でのいざこざが度重なると、かばいきれなくなり、遂に退学処分となってしまったのです。もう頼る所も、かばってくれる人もいなくなってしまったのです。ただ、担任だった先生だけは、彼の心底にある良さを理解していて、心配をし相談にのってくれたのでした。

先生は、彼に何かやりたいことはないのかと問い質したのです。人生に対して投げ遣《や》りになっている彼は、やりたいことなどは何もない、と答えたのです。ただ、もし自分に子供ができたとしたら、自分と同じような思いだけはさせたくない、それだけが望みだと言うのです。

そして、仕事を選べるなら料理をやりたい、いつか立派な板前になりたいと希望を述べたのでした。

板前は料理に専念していれば、人と付き合う必要はない——というのが、この道を選んだ大きな動機《どうき》のようでした。親に裏切られ、他人と真向かえば喧嘩ばかりというのでは、人のなかにいることに嫌気《いやけ》がさしても、非難はできません。そんな理由で板前を目指したのです。

担任は、いささかの縁を頼りに柊家にやって来て、教え子の就職を頼んだのでした。柊家も、こうした例は初めてではありません。この子のなかにある可能性と、柊家で修業をして、真っ当な人間に戻れればなによりと思い、引き取ったのでした。

私が初めて会った時、年格好が息子と近いのでハッとした記憶があります。どこかで、歯車がひとつ嚙み合わなかったら、息子も寂しい思いを抱いて、ひとりでどこかの家に厄介をかけていたかも知れないのです。息子は幸せだったと思うほどに、この子が不憫《ふびん》になってしまったのです。

なにか我が子のような気分になって、なにくれとなく目をかけてやるようになったのでした。好きなものも十分に食べられないのではないかと、この年頃の子が好みそうなものを作ってやったり、買ってきたり、話し相手をしたりと世話を焼いていたのでした。

ボンよ、ボンよ、と自分の息子にかけられなかった分の愛情を、この子に注いだのです。

板場へは、何の予備知識もなく飛び込んだのでした。しかも、それまでは気に入らないことがあれば、腕力にものをいわせて解決していた子が、一日早くても先輩は先輩で、逆らうことのできない世界に身を置いたのです。

なにをしたらよいか分からない、口応えすれば叩かれて当然、技は見て覚えるもの――どれほど苦労な毎日だったことでしょう。私の優しさだけが、気を休められる時間だったのかもしれません。

時間は人間を鍛えもし、駄目にもしていくものです。

三年も経過すると、ド素人だった子がなんとか格好がつくようになってきたのです。本人の負けん気も、修業の辛さに耐えることに、プラスしたのかもしれません。

一人前になれたかどうか、この時期が一番恐いのです。もうこれほどになったのだという慢心が、周囲とのトラブルをおこしたり、事故の原因になったりするのです。

この子の場合は、一段階を登りきったという慢心に加えて、自分にはお八重という後盾《うしろだて》があるという強気が周囲への反撥となって爆発してしまったようでした。私が優しくし、目をかけたことがウラ目に出てしまったのです。三年の間、押さえ込んできたものに、火がついてしまったのでした。

ある日、板場から「お八重さん早く来て、早く来て」という、切羽詰まった声で呼び出しがかかったのです。

仲居仲間からの声ならば、お座敷で困ったことがおきて、手を貸してほしいということだろうと納得できるのですが、板場からとは――。何のことか分からないまま板場に向かったのですが、そこで、腰を抜かすほど驚きました。

仲間と取っ組み合いの喧嘩の真最中なのでした。理由はともあれ、板場で喧嘩をするとは、もってのほかです。板場は、料理人にとってはいちばん大切な場所です。おまけに高価な器があり、はずみで欠いたりでもしたら、取り返しがつきません。

もっとも怖ろしいのは、よく研《と》がれた包丁が至る所にあることです。取っ組み合ったり殴り合っているうちはまだしも、頭に血がのぼって刃傷沙汰《にんじょうざた》にでもなったら、柊家内部で片がつくことではなくなってしまいます。お世話になっている主家を傷つけることになりかねません。

板前さんの手を借りて、なんとかふたりを引き離してその場はおさまったのですが、私の気持ちはおさまりがつきません。ここまで面倒をみて、我が子のようにしてきたのに、もう少しの辛抱も出来ないのか——と。こう思う私も、この時ばかりはカッカとしているので、冷静に分析できるはずがありません。

怒って、叱りつけた挙句《あげく》に「もうどこへでも行ってしまえ」と、絶縁状をたたきつけたのです。しばらくして、興奮もさめてくると、本人もどんなに重大な誤ちをおかしたかの自覚ができたのでしょう。ただ黙って私の叱言を聞いていました。

それから二日ほどは、板場には立たせません。謹慎《きんしん》の身です。この間、部屋に閉じこもって、ひとりで考えていたようです。

もういままで通りに、柊家の板場に戻すことはできません。ほかの職場に移らせなければならないのです。仕事自体も変えなければ、受けてくれる所もないだろうと、頭を痛めていたのでした。

そこに、五代目の女将から、

「うちには置けないが、根は悪い子ではない。どこか料理人として、一から鍛え直してくれる所に修業に出したらどうか――」

と、助け舟を出されたのです。料理人としては使いものにならないという烙印《らくいん》だけは押されずにすんだわけです。

女将のことばに甘えて、すぐ再就職先を探しました。噂の流れるのは早いものです。気が短い、すぐ腕力にものをいわせるといった話が、行く先々に伝わっていて、なかなか良い返事がもらえません。

しかし、やっと一軒、受け手が見つかったのです。

「辛抱して、一人前になるまでは帰ってくるんやないで」

と、そのお店にお任せしたのでした。

突き放すようにお任せしたものの心配でなりません。この子には内緒で、板場のみなさんにくれぐれもよろしくと挨拶に回ったものでした。

三カ月ほどは、こちらからは当然なにも言わない、むこうからも音信不通の状態でした。それが冬の寒い深夜、高下駄を履《は》いたままでひょっこりと訪ねてきたのです。

板場は清掃の意味もあって三和土《たたき》に水を流します。ですから板場では、高下駄が日常の履き物なのです。つまり、仕事をすませ、取るものも取りあえずに駆けつけてくれたのです。手には自分で作った弁当を一折りぶら下げていました。

熱心さが認められたのでしょう、駅に卸す弁当を任されたのだそうです。本人は大喜びで、早速その弁当を私に届けに来たのです。

あれ以来、甘やかさず、ひとりで生きることを身をもって学んだのでした。ここまでにしていただいたお店に、どう感謝をしたらよいのだろうと、うれしさがこみ上げてきました。それにしても、このお弁当のおいしかったこと。さまざまな思いの混じりあった極上の味でした。


一年ほどして、ひとつの相談を持ちかけられました。

お店を変わりたいと言うのです。初めは辛抱ができなくなったのかと、ドキッとしました。ところが、今回は前向きな転職志望だったのです。いまのお店では、どうももうひとつお吸物の味が出せない、別のお店で修業をして自分なりの味を会得《えとく》したいという、強い望みをもっているのです。料理人としてより腕を磨きたい、ここまでやる気が育ったのです。私がよい返事をすると、すぐにお店の許可を得て、二カ月間のお礼奉公をして別のお店に移ったのでした。

ここで、更に、六年間の修業が始まるのですが、まず、お茶のお手前を習うことを修業の第一歩にしたようです。

それぞれの料理に合う器を見る目を持たなければ、一人前の板前とは言えません。礼儀を学ぶとともに器を見る力をつけるには、お茶がもっともよいのです。また、茶室に活《い》けるお茶花は、季節に敏感な心を養ってくれるのです。お手前の時間は、とても実り豊かなときなのです。

毎月のお茶花を揃える役をかって出たらしく、お稽古日が、週に一回の休日前にあたると、板場の片付けをすべてすませて、お茶花の残りを届けにきてくれるようになったのです。ひとり暮らしの私に、少しでも色を添えてあげようという思いやりなのでしょうか。ここまで他人の心を考える余裕が育ってきたのです。あとは、板前の腕をあげるだけが課題です。ホッとするとともに、この長い年月を思い返したのでした。

ある日、柊家のお客さんに誘われて、そのお店に行く機会に恵まれました。お座敷にその子を呼んで、腕をふるった料理を味わおうと思ったのです。しかし、お店からは、いくらお八重さんの希望でも、それだけは叶えられないと言われました。板前は、お座敷にあがらせられないというお店の規則があるのでした。しかし、帰る時、玄関にその子が待っていてくれました。お店が手配をしてくださったのです。白い仕事着で頸《くび》に日本手拭いをかけ、高下駄を履いて一人前の格好をした板前姿で頭を下げています。

その後、彼は支店長として、一軒を引き受けるほどになったのです。周囲のみなさんの力添えをありがたいと思う心、仕事に関しての努力を辛いと思わず、広く深く自分を鍛えながら学んでいく前向きな姿勢、自分の人生は自分で責任を負っていく性《しょう》根《ね》を、苦労のなかから摑みとって、自分を築きあげていったのです。

心は通じ合うもの

それは昭和二十九年（一九五四）頃のことではないかと思います。たしか私も四十歳も半ばになっていました。

柊家も、日本旅館として外国人客をお泊めするようになりました。小学校しか行っていない私に、英語など分かるわけがありません。だからと言って、お客さまがご用を言いつけていらしゃるのに、聞こえないふりをしているわけにはいきません。「ウォーター」が「水」のことだと覚えるまで、小さな紙に書いてなんべんでも繰り返したものでした。

ある時、なにやらアメリカの偉いかたの部屋についたのです。一時間ほど身ぶり手ぶりで、お話（？）したのです。テレビの人気番組だった「ジェスチャー」みたいなものです。

京料理のお膳をさげて、デザートをお持ちすると、そのお客さまが私を大変に気に入ってくださいました。

そしてまた、おしゃべりを始めたのですが、お話がなぜか動物のことになりました。そのお客さまが、あれこれといろいろな形をしてカバを表現しようとしていらしたらしいのですが、私には、どうしても理解できません。会話がかみ合わないまま「このメイドは、なぜカバを知らないのだろう」と、お客さまが勝手に判断されてしまったようでした。そして、そのことを、どういうツテがあったのか、京都新聞に連絡したのでした。

数日すると、突然に京都新聞のかたが見えて、

「今日はカバ見物に招待するから、一緒に動物園に行こう」と、おっしゃるのです。いくらものを知らない私でも、カバは知っていますとご辞退しても、ガンとして受け付けていただけません。連絡によればあなたはカバを知らないはずだ、の一点張りで、遂に動物園にお連れいただいたことがありました。

きちんと勉強してないから、やはり通じなかったのだな、柊家にいる限りは英語を

学ばなければと思いました。明治の人間の、それも小学校六年程度の学問では、いまの幼稚園より勉強の具合は低いかもしれません。これでは太刀打《たちう》ちできるわけがありません。

人がいっぺんやるなら百ぺんやろう。同じ人間なのだから私に出来ないわけがない。そこで、英語の稽古《けいこ》を開始したのです。成果のほどは内緒ですが――。

それにしてもあのお客さまは、よほどお顔のきくかたのようでした。日本のメイドは最高だ、こうした宿が世界中にあれば、旅人はどれほどステキな旅を楽しめることだろうか――と、アメリカの新聞で大きく扱っていただきました。

これを目にした別のアメリカのかたが、これほどの大きな広告を出したら、何万ドル分の広告費用がかかることか。それを、日本のこんな小さな旅館の仲居さんがやってのけた――と、その記事を読売新聞に送って頂いたのです。

おかげで、今度は読売新聞の全国版に写真入りで掲載されました。この記事がありがたかったのは、戦後、柊家は進駐軍《しんちゅう》に接収《せっしゅう》されたと思い、おいでになられなかった常連さんが、この全国版の記事を読んで戻ってこられたことでした。

やること、すること、態度がはっきりしていれば、ことばが分からなくても、真心のこもった気持ちは通じるものなのです。

人と人が向き合う時、〝心〟が最大の決め手になると学んだのでした。

ちなみに、カバは英語で「ヒポポタマス」と言うのだそうですが、私には長すぎて覚えきれません。

いやと思ったら自分の負け

柊家には幸いにして、目茶苦茶なお客さま、乱暴なお客さまはおられません。お馴染みさんを中心にして、京都や和風旅館の雰囲気を、心から楽しんでいただくかたばかりだからです。歴史ある老舗という看板が、良いほうに作用しているからでしょう。若いお客さまを中心にした、新しい旅館やホテルだと、なかなかそう具合よくはいきません。さまざまな気質のかたが見えるからです。ここが接客業の難しいところなのです。

仲居やホテルマンも人間ですから、初対面で「あっ、これは合わないタイプだな」と思うことがあります。しかし、それを表情に出してしまったら、職業人として失格です。どのようなお客さまでも、同じようにくつろいでいただける雰囲気を作るのが仕事です。楽しんでいただければ、私たちの勝ちなのです。つまり、自分の土俵で相撲がとれるかどうか。この瞬間をどう作るかです。これは、どんな仕事にも共通して言えることではないでしょうか。

「あっ、この人とは相性が合わないかもしれないな」といやな予感がよぎったら、まずその思いを表情に出さないことが第一です。人間というのは正直なもので、どこかに出てしまうものなのです。相手のお客さまに見破られてしまえば、打つ手はありません。

その前に、こちらから相手の良い所を探して好きになってしまうのです。どんな人にも、良い所の一つ二つは必ずあるものです。指だけはきれいだとか、おしゃべりすぎていやだけれど、話の内容はためになることが多いとか——。

良いことだけを見つめ、そこをほめて差し上げるのです。ほめられれば誰だって悪い気はしません。先方もこちらにお世辞の半分でも返して下さるようになれば、とても良い間柄が築けるというものです。

誰もが、苦手とする人と良い関係が作れるというのは、大きな自信になるものです。なにかの難関にぶつかった時、私にはあの人と親しくなれた実績があるのだから、こんなことでへこたれるわけにはいかないと、がんばれる力《ちから》が湧《わ》いてくるのです。

辛いことなど、どれほどあったかわかりません。なにしろ私が柊家に入った頃は、まだ上下関係の厳しい時代でした。極端に言ってしまえば、まだまだ封建時代だったのです。

いまでこそ、社会問題になりますが、私の頃は、いじめなどは日常茶飯事。なにかわからないことで先輩にひどく叱られて、裸足《はだし》で外に逃げ出したこともありました。逃げても帰るところがない、それを知っているから、辛く当たるのです。行く所がなければ、告げ口もするまいという計算があるわけです。

ここで学んだ知恵は、何があっても「自分が間違っていた」と思うことです。自分が間違っていたのだから、叱った相手には腹をたてずにすみますし、「えらいことをしました。堪忍しておくれやす」と、素直にあやまれるのです。

なんで間違ったのだろうと考えることで、次の問題を避ける知恵がつくのです。つまり、人の心の摑みかたが得られるわけです。仲居という実生活を通して、対人関係が学べたのです。

これが「私のどこが悪いもんですか。間違っているのは向こうでしょ」と、突っぱってしまうと、正面からぶつかりあうしかなくなります。こうした状態からは、何も前向きなものは生まれてきません。無駄な時間と関係が残るだけなのです。

私は九十一歳になった現在も、週に一回はお座敷の花を活《い》けに柊家にきています。なにもしないとボケてしまうから、お店の好意に甘えさせてもらっているのです。ここまで歩いてくるのが、ちょうどいい運動にもなっているのです。

花はどんな花でも大好きです。人の心をなごませない花はありません。そのなかでも、強いて好きな花というと「こでまり」でしょうか。

「こでまり」は好きなほうに向かって、あっちへ行ったり、こっちへ行ったりして伸びていくのです。なかなか真っすぐにはいかないのです。どこか人生に似ていると思いませんか。こうした所がとても気に入っているのです。すんなり行かないから味があるのでしょう。

曲がることを楽しめるようでないと、人生は辛くなるばかりです。

いつも明日がある。明日は今日以上に良い日になる。そう信じて毎日をつないできたのです。この気持ちを、また次の人につなげられれば、私の人生は無駄でなかったと思えるのです。

くつろぎをお客さまに

旅館というのは、旅の途中に立ち寄り、ひと晩を過ごしていただくことが始まりです。

旅は、それ自体が毎日という日常の時間とは違う時間です。仕事での旅にしても、楽しむための旅にしても、この非日常という特別な時間なだけに、心が解放されるのではないかと思うのです。

日常の忙しさから解放されるから「くつろぎ」の時間が生まれるのでしょう。現代的になりすぎた住いからすると、時代をさかのぼったような古風な旅館のたたずまい、そして、夜は坪庭にともされる石灯籠など、いつもとは異った空間をつくり、お客さまが日常から離れられるような演出をするのです。

私たちも、お客さまが黙っておられても、こうしてほしいと思われることを、いつの間にか、さりげなく差し上げるようにしているのです。

「ああ、ほんとにのんびりできた」

「本当に骨休みになった」

こうしたことばがいただけるように、お手伝いするのが仕事、それもお客さまに気が付かれないように、そっとして差し上げることが第一と思うのです。

これは、人間関係のすべてにいえることではないでしょうか。深い思いやりがあれば、とても和やかな日々になるのではないでしょうか。

あとがき

九十歳をすぎた私が、本を書いても読んでくださるかたがいるのだろうか、いまでも不安でいます。

六十年ほど、仲居という接客業に従事していたおかげで、さてどのくらいの数のかたとお知り合いになれたでしょうか。

一度きりのかた、なん十遍とお越しになられたかた。お仕事も千差万別、時代の流れのなかで人生を送っていかれたかた――。こうして思いおこすと、つい昨日のことのように、お顔やお声、なさったことが浮かんできます。

柊家は私の教室でした。お客さまという先生に、人生というものを教えていただいたのです。おかげさまで、九十年余の人生が、とても豊かなものになったのです。

それをお伝えするのも、私にとってのひとつの使命なのではないか。さまざまなエピソードを書き留めておくように、というのが今回の本のきっかけでした。

私の記憶していることが、どれだけ皆さまのお役に立つか分かりません。しかし、先生がたの教えを、私だけがひとり占めしてはもったいないことです。こうして知っていただくことが、先生たちへのご恩返しになるのではないだろうか——と、考えたのです。

最後までお読みいただきありがとうございました。その時、その時に私が受けた感動や思いが、皆さまにお伝えできれば幸せです。

筆を置くにあたり、私をここまで育てて下さった柊家の皆さま、そして、東京からわざわざ私をお訪ねになり、出版への機会を与えてくださった栄光出版社社長石澤三郎様に厚くお礼申しあげます。

また本のなかにお名前をあげ、貴重なエピソードをご紹介させていただいた先生がた、そして、お泊まりくださり、私にさまざまな知恵をくださった皆さまがたに感謝の気持ちでいっぱいです。

お読みくださった皆さまにも心からお礼申し上げます。

人生と言う旅の途中にいる皆さまも、どうぞ柊家におこしやす、お待ち申し上げております――。

これにて失礼いたします。おおきに、ごめんくださいませ。

平成十二年七月

田口八重

おこしやす——京都の老舗旅館「柊家」で仲居六十年

平成12年9月15日　第1刷発行
令和4年3月1日　第30刷発行

検印
省略

著者　田《た》口《ぐち》八《や》重《え》
発行者　石澤三郎
発行所　株式会社　栄光出版社
郵便番号　一四〇—〇〇〇二
東京都品川区東品川一—三七—五
電話　(〇三)三四七一—一二三五
FAX　(〇三)三四七一—一二三七

印刷・製本　モリモト印刷㈱
カバー・写真　アイ・ピー・エス

ISBN 978-4-7541-0035-3